창세기에서 배우는
지혜와 공부 원리

창세기에서 배우는
지혜와 공부 원리

지은이 | 이현우
펴낸이 | 원성삼
책임편집 | 김지혜
본문 및 표지디자인 | 안은숙
펴낸곳 | 예영커뮤니케이션
초판 1쇄 발행 | 2018년 11월 23일
등록일 | 1992년 3월 1일 제2-1349호
주소 | 04018 서울시 마포구 동교로 55 2층(망원동, 남양빌딩)
전화 | (02)766-8931
팩스 | (02)766-8934
홈페이지 | www.jeyoung.com
ISBN 979-11-965114-2-5(03230)

값 13,000원

이 도서의 국립중앙도서관 출판예정도서목록(CIP)은 서지정보유통지원시스템 홈페이지
(http://seoji.nl.go.kr)와 국가자료공동목록시스템(http://www.nl.go.kr/kolis-
net)에서 이용하실 수 있습니다.(CIP제어번호: CIP2018036649)

 모든 인간은 하나님의 형상을 닮은 존귀한 존재입니다. 사람은 인종, 민족, 피
부색, 문화, 언어에 관계없이 모두 다 존귀합니다. 예영커뮤니케이션은 이러한
정신에 근거해 모든 인간이 존귀한 삶을 사는 데 필요한 지식과 문화를 예수 그리스도의
사랑으로 보급함으로써 우리가 속한 사회에 기여하고자 합니다.

창세기에서 배우는
지혜와 공부 원리

창조를 깨우치고, 창의적인 인재가 되어라!

이현우 지음

추천사

세상에 이 책이 나오게 된 것에 감사드립니다. 창세기에서 배움의 원리를 발견한다는 것이 매우 탁월한 견해이기 때문입니다. 사실 우리는 창세기에서 창조의 원리를 깨닫는 것보다 훨씬 중요한 것을 배워야 합니다. 그것이 바로 삶의 원리입니다. 창세기는 창조의 원리를 주장하는 책이 아니라, 삶의 원리를 주장하는 책이기 때문입니다. "어떻게 인생을 살아야 하는가?" 그것을 가장 확실하게 보여 주는 책이 창세기입니다.

가인과 셋(아벨 대신에 주신 아들)의 인생을 보면서, 어느 쪽을 선택해야 하는가? 아브라함과 롯의 인생을 보면서, 누구를 인생의 모델로 삼아야 할 것인가? 에서와 야곱의 생애를 보면서, 어떤 방향으로 인생의 키를 조정할 것인가? 이런 이야기가 끊임없이 이어지는 것이 창세기가 주려는 메시지입니다. 그렇게 선택해야 하는 시점에서, 우리가 올바른 선택을 하면 삶이 아름다운 방향으로 나가게 되는 것입니다. 그러니까 사람들이 창세기에서 인생의 원리를 배워야 한다는 것이 진리입니다.

『국부론』으로 유명한 애덤 스미스는 "태어나서 죽을 때까지 사람은 자신의 상황에 완벽하게 만족하는 경우가 단 한 순간도 없다."고 했습니다. 그러나 창세기는 하나님의 언약 안에서 말씀을 따라가는 사람의 생애가 만족할 만하다고 약속합니다. 스콜라 철학의 아버지로 불리는 신학자 안셀무스의 말처럼 "하나님은 우리가 상상할 수 있는 영역에서 최고의 존재이며, 우리가 상상치 못한 영역에서도 최고의 존재"이시기 때문입니다. 이런 창세기의 언약 사상을 기반으로 배움의 원리를 이끌어 내신 저자에게 따뜻한 존경의 마음을 표합니다.

이 책을 접하는 모든 분이, 우선은 창세기 배움의 원리를 통해서 깜짝 놀라게 될 것이고, 다음으로는 저자의 깊이 있는 내면의 통찰력에 박수를 보내게 될 것입니다. 오늘날은 지성과 감성과 영성의 시대라고 말하고 있습니다. 이 책을 통해서 여러분의 지성과 감성과 영성이 조화로운 성장과 성숙을 이루게 되리라고 확신합니다.

황웅식(신애교회 담임 목사)

성경 속에는 인간의 삶에 관한 모든 지혜가 들어 있다고 흔히 말합니다. 그래서 그토록 오랜 시간 많은 사람이 성경을 읽으면서 각자 삶의 지혜와 위로를 얻어 왔습니다. 그런데 한편으로는 성경은 그 자체가 성스러운 하나님의 말씀이므로 그것을 읽는 사람이 마음대로 해석하고 이용해서는 안된다는 지극히 신실하고 경건한 분의 목소리도 있습니다. 그래서 감히 세속적인 목적으로 학교 공부나 세상 학습을 잘하기 위해서 성경 말씀을 끌어들이다니! 이렇게 생각하면서 펄쩍 뛰실 분들도 있을 것 같습니다.

저는 기독교재단의 중학교를 다녔고, 고등학교 때는 매주 월요일 시험이 있는 데도 주일은 안식일이니까 공부해서는 안 된다고 강조하는 보수교단의 교회를 다녔습니다. 그런데 대부분 현직 교사였던 주일학교 선생님들은 학교 공부도 제대로 안하면서 학생부 활동한다고 열심히 교회에 들락거렸던 우리를 우려의 눈길로 보시기도 했습니다. 다행히 청소년기에 그렇게 교회에 들락거렸던 우리 멤버 중에는 이제 목사님도 있고, 사모님도 있고, 저처럼 학교 선생님도 있습니다. 『창세기에서 배우는 지혜와 공부 원리』를 읽으면서 그때 중학교 선생님과 주일학교 선생님이 떠오른 것은 그분들이야말로 이 책의 저자가 가지고 있는 문제의식을 그 당시에 가지고 있었을 것이라는 생각이 들었기 때문입니다.

『창세기에서 배우는 지혜와 공부 원리』는 무엇보다 성경 말씀에 대한 오랜 묵상을 토대로 학습과 자녀 지도의 원리를 추출하고 있습니다. 게다가 그런 학습과 자녀 지도 원리를 자기주도 학습이나 창의성 개발,

진로 탐색, 인간관계, 인성 지도, 효과적인 공부법 등 오늘날 청소년들이 직면하는 구체적이고 현실적인 과제에 적용해서 실제적인 행동 강령까지 제시하고 있습니다. 신기하게도 여기서 제시된 학습 원리나 행동 지침들은 일반 교육심리학 연구에서 추출된 과학적인 학습 원리나 현대 교수 이론과 아주 조화롭게 맞물리고 있다는 점에서 이 책 저자의 독특한 창의력을 엿볼 수 있습니다.

그러나 저자는 세속적으로 성공하기 위한 목적을 가지고서 성경 말씀을 끌어들인 것이 아니라, 신앙인으로서 성경 말씀을 묵상하고 실천하려다 보니 현실적으로 연결되는 삶의 원리를 찾게 된 것으로 보입니다. 신앙인들에게서 삶의 방향성은 참으로 중요하기 때문입니다. 이것은 신앙과 직업의 조화를 꾀하고자 했던 막스 베버의 자세와 다를 바 없을 것입니다. 성경 말씀에서 나온 삶의 원리들을 청소년들의 주요 과제와 연결하고자 했던 교육자적인 발상과 신앙인으로서 저자가 가지고 있는 포부는 각급 학교의 현실적 제약 속에서 고군분투하시는 선생님, 주일학교 교사 그리고 학부모에게서 많은 공감을 불러일으킬 것으로 생각합니다. 또한 연령과 상관없이 계속 배우고 익혀서 오늘날과 같은 평생학습 시대에 살아남기 위해 노력하고 있는 모든 사람에게 이 책은 좋은 지침이 될 것이라고 믿습니다.

정옥년(가톨릭대학교 교육대학원 교수)

그간 학계에는 성경, 특히 창세기를 대상으로 신학적 접근 이외에 고고학적, 역사학적, 수사학적, 문학적, 심리학적 접근법을 통해 실생활과 연결하며 기술한 논저가 많았다. 그중에서도 추천인은 학부와 대학원 시절 성경 속에 나타난 문학적 인유 혹은 비유 이론에 관심이 있기도 했다. 또 최근에는 심지어 창세기에서 지구 온난화 문제, 갈등과 화해, 생명학적 요소, 사회복지적 요소를 끄집어 낸 논저도 있었다. 그만큼 성경은 기독교인뿐만 아니라 모두에게 보고(寶庫)와 같은 존재다.

그럼에도 성경에서 공부, 즉 학습법의 요소를 뽑아내어 자라나는 학생들이나 공부하는 성인에게 도움을 주려는 시도는 저자가 처음이 아닌가 한다. 저자는 대학에서, 사교육현장에서 수십 년을 아이들을 가르쳤다. 그래서 창조의 원리, 혼돈 정리의 원리, 명칭의 원리, 순서와 질서의 원리 등으로 이어지는 학습 원리의 추출은 오랫동안 교육현장에서 아이들과 함께 살아온 저자가 아니면 쉽게 할 수 없는 작업이라고 생각한다. 너무나도 당연한 학습 원리들이 성경 속에 들어 있었다.

이제 학습자들은 이 책을 토대로 성경과 함께 실천하여 나아가면 된다. 그저 이 책에서 하라는 대로만 하면 된다. 그러면 우리가 인지하지 못하는 사이에 마치 성령이 임하듯 학습 원리를 깨우치고 실제 교과 학습에 적용하게 되리라 믿는다. 더불어 기독교인이라면 학습 원리의 체득과 함께 신앙적 자질을 다지는 일석이조의 효과도 거두리라 확신한다. 학습자들의 일독을 권한다.

이만기 (유웨이중앙교육 평가연구소장)

하버드대학은 1600년대에 생겼다. 1600년대는 허준이 『동의보감』을 집필한 시기와 크게 차이나지 않는다. 훌륭한 의학적 지식이 많이 담겨 있는 책이지만, '투명인간이 되는 법'처럼 현대 과학으로는 이해되지 않는 내용도 있다. 그 이후로 의학은 많은 발전을 했지만 교육은 초기 하버드대학의 그것과 크게 다르지 않다. 선생님이 있고 지식을 강의하고 아이들은 주입식으로 공부하고 있다. 인공지능이 세계 1등 바둑기사를 이기고, 스마트폰에서 검색만 하면 알고 싶지 않은 지식까지 쏟아져 나오는 시대에 아직도 지식 교육을 하고 있는 경우가 많다. 미래의 우리 아이들은 지식보다는 지혜를 배워야 한다. 지식을 배우더라도 지혜롭게 배워야 하고, 습득한 지식을 지혜롭게 사용할 줄 알아야 한다. 우리는 아이들에게 필요한 지혜가 어디 있는지 알고 있다. 성경을 통해 지혜를 배우고 그 지혜로 지식을 얻어야 한다는 너무나도 당연한 사실이다. 이러한 내용을 집필한 저자에게 감사드린다.

최진영(한양대 교수, 전 디지털대성 대표이사)

목 차

저자 서문

창세기 속 하나님의 전지전능하심을 통한 감화, 감동으로 이 책을 쓸 수 있도록 영감을 주신 하나님께 감사와 영광을 올려 드립니다.

이 책은 공부에 진력하고자 하는 학생들을 돕기 위한 목적으로만 서술된 것이 아닙니다. 사회생활을 하는 모두가 심독한 후 실천으로 옮기기만 한다면, 성공의 경로를 거쳐 행복에 안착하실 것이라 감히 확신하는 바입니다. 가족이 함께 일독하시길 바랍니다.

법학을 전공하였으나 내게는 다른 사람들을 심판할 자격과 당위성이 없다는 것을 깨닫고, 단지 공부를 잘했고 가르치는 것이 좋았다는 이유를 들어 교육계로 들어선 지도 어언 30년이 지났습니다.

교육, 공부, 학습에 대한 정확한 해결책을 찾고자 하는 저의 관심과 능력, 시간이 지남에 따라 더해지는 노하우로 인해 나름대로는 제 자신이 이 분야에서는 최고라는 자부심이 있었습니다.

여러 방송국에서 단발성 방송을 하던 중, MBC에서 교육프로젝트

에듀콘서트 (edu-concert)를 함께 하자는 제안을 받았고, 이는 제 자신의 능력을 보여 줄 수 있는 절호의 기회라고 생각되었습니다.

이 프로그램은 매주 학부모와 학생들을 대상으로 강연을 한 유수의 전문가들이 컨설턴트인 저와 함께 대담과 질의응답을 통해 교육과 공부에 대한 해답을 찾는 프로그램이었습니다. 더불어 다양한 정보 제공은 물론, 문제점을 해결하고자 하는 학생과 학부모님을 직접 현장으로 찾아가 개선점을 찾아 제안한 후 성취도까지도 확인하는 코칭 등으로 구성되어 있었습니다.

이 프로그램은 그동안 공부와 입시현장에서 쌓아 왔던 노하우를 녹여내고, 답답함에 빠져 있는 학생과 학부모에게 대안을 제시할 수 있다는 면에서, 이런 쪽 경험이 많은 제 입장에서 보면 저를 빛낼 수 있는 최적화된 프로그램이었습니다.

그러나 제 오만은 회차가 진행될수록 한계에 부딪히고 말았습니다. 매주 연사가 달랐고 다채로운 주제를 다루었다고는 하지만 해결책을 명쾌하게 도출해 주기보다는, 일반적이며 두루뭉술한 말의 향연이었습니다. 또한 방송 특성상 제약적인 면을 파악하지 못했던 점이 있었다고는 하여도, 저 역시도 함께해 주신 학생과 학부모님께 분명하고 확실한 해결책을 제시하기보다는 비슷한 이야기를 하고 있있습니다. 개인적이라면 해결책을 제시할 수 있었을 텐데 하는 아쉬움이 많았습니다. 어쨌든 이를 기점으로 자괴감과 허탈감에 빠졌고, 개인사의 복잡함이 겹쳐 자의반 타의반 교육계와 거리를 두게 되었습니다.

그러던 중 아내의 기도와 하나님의 은혜로 예수님을 영접하게 되었습니다. 제 생각은 발전과 봉사라는 방향으로 전환되었고, 주로 청년들의 미래지향적인 아이디어 실현화를 돕고자 자문 및 창업과 유지 발전을 위한 투자회사를 설립하여 운영하여 왔습니다. 그러나 수년이 지난 지금까지도 경험과 능력의 부족을 절감하고 있습니다.

"잘하고 재주가 있는 분야의 일을 하라."는 주변의 권유로 두 개의 메이저 신문사에 각기 학생을 위한 "우등생 되기"와 학부모를 위한 "우등생 만들기"를 연재함을 통해 공부법에 대한 정립과 강화를 자연스레 이루게 되었습니다. 또한 이를 바탕으로 설립한 교육 컨설팅 회사인 "에듀후(EduWho)"를 운영하고 있습니다.

나에게는 터무니없다고 생각되기만 했던 "신학대학원 가서 더 공부하라."는 집사람의 기도에 난감해 하던 중, 여러 크고 작은 교회에서 학생들을 위한 강연과 울산 CBS방송국에서 지식나눔 프로젝트를 함께하자는 제안을 받게 되었습니다. 이 두 제안의 공통점 속에는 공부를 이유로 교회 가는 것을 피하는 학생들을 교회로의 유입요소를 만들어 주는 '가교 역할'과 교육과 공부에 대한 갈증을 교회 내에서도 해소해 주자는 '진취적인 취지'가 포함되어 있습니다.

창세기를 통해 '생활의 지혜와 공부법' 제안을 매주 방송을 함께해 준 김유리 아나운서의 결단성, 감히 제가 성경을 언급하는 것이 옳은지에 대한 두려움과 걱정을 "하나님께서 당신을 어떻게 쓰시는지를 보자."는 격려를 통해 용기로 바꾼 김성은 자매님의 도움과 협박, 성경 말씀에 대한 내용적 부담감을 해결해 주신 김신정 목사님의 적극적인 도움과 참여, 우연히 길에서 마주쳐 인사를 드릴 겸 예배드리러 갔던 신애교회 황웅식 목사님의 창세기 설교, 이채린, 이예린 연구원의 헌신, 이 모든 것은 주관자이신 하나님만이 하실 수 있는 일이었습니다.

이 책은 21개의 단원으로 구성되어 있으며, 각 단원을 각기 다른 원리를 중심으로 편제하였습니다.

"주목! 성경 속 이 말씀!"에서는 '각 단원의 원리로 인용된 성경 구절 소개'와 '성경에서 찾은 원리에 대한 성경적 해설'을 통해, 각 단원 주제에 대해 성경에 대한 이해도를 높이려 했으며, "성경 속 원리를 생활과 공부에 적용시키면?"에서는 생활과 공부를 위한 묵상의 주제를 제시하고자 했습니다.

"본문 1. 제시글"에서는 각 단원의 주제에 대한 정의와 해설을 통해 정확하고, 깊고, 넓은 이해도를 높이려 했으며, "본문 2. 원리에서 지혜와 공부법을 찾는다면?"에서는 원리를 바탕으로 하는 실천 방안의 제시를 통해 생활의 지혜와 공부법을 이해하고 습득하기를 권하고 있습니다.

"원리 활용을 위한 올바른 행동강령"에서 "STEP 1, 2, 3"은 각 단원의 원리를 원론적으로 서술했으며 이해력을 높여 주는 내용으로 다루었습니다. 또한 연상력 향상에 도움이 될 수 있도록 각 단계를 연계하여 시행하는 구성-학습법을 익힐 수 있노록 하였습니다. "체크리스트"는 자신에게 주어진 과제나 해야 할 일을 놓치지 않고 행하고 있는지를 확인하고 점검하는 연습을 할 수 있도록 만들어져 있습니다. 필요했지만 귀찮았던 행동을 유익한 습관으로 전환 습득되도록 하는 반성의 원리를 활용한 과정-학습법을 익힐 수 있도록 하였습니다. "Tips"는 반드시 해야 할 것만으로는 부족함이 있다는 것을 일깨워 주고 사고의 확장으로 이어 주는 부가적인 내용으로 구성되어 있습니다. 가벼운 행동이 큰 결과를 일으킬 수 있도록 하는 자연스러움을 통해 지혜 습득의 요령을 익힐 수 있는 생활-연습법을 익힐 수 있도록 하였습니다.

이현우

1장

창조의 원리

· · ·

창조를 깨우치고,
창의적인 인재가 되어라!

주목! 성경 속 이 말씀!

태초에 하나님이 천지를 창조하시니라(창 1 : 1).

1. 성경에서 찾는 창조의 원리

"태초에 하나님이 천지를 창조하시니라."는 성경의 첫 문장은 모든 사람에게 익숙한 말씀입니다. 특히 하나님을 믿는 사람들에게 이 구절은 성경에서 가장 먼저 나올 뿐만 아니라 가장 기초가 되는 것이기에 당연한 말씀으로만 받아들이는 경향이 있습니다. 하지만 학생들이나 교육에 뜻을 둔 이들은 별 대수롭지 않은 말씀이라고 넘기면 안됩니다. 왜 그럴까요?

이 말씀은 이 세상과 우주 그리고 우리 인간이 어떻게 하다가 우연히 만들어진 존재가 아니라는 것을 말하고 있습니다. 아무것도 없는 곳에서 우연히 무엇인가가 생기고 또 그 우연이 겹쳐서 생물이 생겨나고 그 아메바와 같은 단세포 동물이 진화해서 사람이 된 것이 아니라 하나님의 창조로 우주와 모든 만물이 창조되었다는 것입니다.

또한 이 말씀은 하나님의 뜻과 계획으로 만들어졌다는 것을 말하고 있습니다. 그래서 이 세상은 하나님의 뜻과 하나님의 질서와 하나님의 원리 아래에서 움직이고 있고 하나님의 뜻과 의지 아래 진행되고 있다는 것을 말하고 있습니다.

하나님의 창조를 받아들이고 하나님의 경영 아래 있는 세상을 믿는 사람과 그렇지 않은 사람은 모든 것이 다를 수밖에 없습니다. 세상을 바라보는 세계관, 가치관 그리고 인생관 등 모든 생각과 삶의 방식이 달라질 수밖에 없기 때문입니다. 이것은 단순히 창조론과 진화론의 지식 논쟁의 문제가 아니라 우리의 모든 생각과 삶을 결정하는 근본적인 명제라 할 수 있습니다. 즉 "태초에 하나님이 천지를 창조하시니라."는 말씀에 대한 믿음의 여부에 따라 전혀 다른 삶을 살게 된다는 것입니다.

2. 성경 속 창조의 원리, 생활과 공부에 적용시키면?

하나님의 창조를 믿는 사람은 삶 가운데 하나님과 관계를 맺고 살아가게 됩니다. 자신을 창조주에 의해서 피조된 존재로 생각하는 사람은 창조주의 의지와 그분의 뜻을 생각하게 됩니다. 그러다 보면 하나님의 창조목적과 그분이 원하시는 삶에 대해서 생각하게 되고, 나아가 하나님께 도움과 지혜를 구하는 행위가 가능해집니다. 하나님의 창조를 믿는 사람은 하나님께서 이 세상을 다스리시고 우리 삶의 세밀한 부분까지도 알아 관여하시고 도움을 주시는 분이라는 생각을 하게 되기에, 삶을 대하는 태도와 방식이 다를 수밖에 없을 것입니다.

이를 학습과 자녀 지도에 적용시키면 어떨까요? 자녀는 자신의 학습뿐만 아니라, 공부를 하다가 어려움에 닥치게 되고 세밀한 부분까지도 하나님이 알아 관여하시고 도움을 주시는 분인 것을 알기에, 하나님께 지혜를 구하는 행위도 가능해집니다." 이는 학부모가 자녀를 지도할 때도 마찬가지일 것입니다. 이렇게 되면 공부의 목적과 학습법도 달라질 수 있습니다.

성경적인 공부법에 대해서 생각할 때 가장 먼저 생각해야 할 것은 하나님께 도움을 구하는 것입니다. 단지 하나님께서 세상을 창조하셨고, 나를 창조하셨고, 그분이 세상을 주관하신다는 것을 고백하는 것입니다. 따라서 공부할 때는 반드시 가장 먼저 기도를 하는 것으로 시작해야 합니다.

1. 창조의 원리와 창의적 인재

앞서 성경 속 창조의 원리에 대해 이야기를 했는데, 그렇다면 창조의 사전적 의미는 무엇일까요? 살펴보면 "창조란 전에 없던 것을 처음으로 만들거나 신이 우주 만물을 처음으로 만드는 것 또는 새로운 성과나 업적, 가치 따위를 이룩하는 것"이라 되어 있습니다.

영어로 창조는 'creation(크리에이션)'입니다. 이것의 형용사인 'creative(크리에이티브)'는 우리가 흔히 사용하는 '창의적인'이라는 의미이지요. 창조는 창의와 같은 어원을 가지고 있기 때문에 창의에 대한 의미는 창조에서 유추해 볼 수 있습니다. 창의라는 뜻 역시 새로운 의견을 생각하여 낸다는 의미를 가지고 있으며, 창조든 창의든 '새로운 것', '혁신적인 것'을 의미하는 점에서는 다를 바가 없어 보입니다. 결국 '창조'와 '창의'는 사실상 일맥상통하는 것입니다. 실제로 영국의 경영전략가인 존 호킨스가 주창하여 한국에서도 널리 회자되었던 '창조경제'라는 용어도 해석상 창의적인 경제(creative economy)로 창조와 창의를 하나로 혼용한 것입니다.

하나님께서 이 세상을 창조하신 것과 관련하여 생각해 볼 부분은 사람이 하나님의 형상으로 창조되었다는 것입니다. 사람은 비록 하나님같이 세상을 창조하는 존재는 아니지만, 우리 인간에게도 창조하는 능력, '창의성'이 있다는 것을 인지해야 합니다. 특히 요즘 사회에서 요구되는 인재는 '창의적인 사람'입니다. 비단 기업이나 사회뿐만 아니라 대학에서도 창의적인 인재를 선발하려고 합니다. "입시 입사 전형 과정"에서 창의적인 생각을 발현하려면, 우리가 하나님의 지음받음을 인지하고 창조의 원리를 생각하면서 우리 안에 있는 창의성을 더 계발하고 발휘해야 합니다. 우리는 창조의 능력이 있어 새로운 것을 만들고 시도할 수 있는 창조물이라는 것을 잊지 말아야 합니다.

누구라도 위대한 생각을 해 낼 수 있다

그렇다면 창조라는 뜻처럼 우리가 지금까지 인류 역사상 누구도 생각해 내지 못한 위대한 생각을 해 내는 것이 가능한 일일까요? 창의적인 것을 만들어 내는 일은 사실 대단한 일이 아닙니다.

예를 들어보겠습니다. 발명(發明)과 발견(發見)의 차이점에 대해서 생각해 봅시다. 발명은 새로운 기계나 물건 따위를 생각해 내거나 만들어 내는 것이고, 발견은 남이 미처 찾아내지 못하였거나 세상에 알려지지 않은 사물을 맨 먼저 찾아내는 것을 말합니다. 다이너마이트는 발명이고, 아메리카 대륙은 발견이라고 합니다. 하지만 여전히 발명과 발견의 경계는 모호합니다. 20세기의 100대 발명 중에는 아인슈타인의 특수 상대성 이론이나 인터넷 등이 있습니다. 어떻게 보면 아인슈타인은 천재적인 두뇌로 이미 존재하던 상대성 이론을 찾아낸 것, 즉 발견한 것입니다. 그가 이 이론을 발표하지 않았다고 해도 상대성 이론은 존재하고 있는 것이기에 발명과 발견의 경계는 더 모호해집니다. 인터넷도 소수만이 점대점으로 통신하던 것을 전 세계에 초고속 광케이블을 설치하여 수많은 사람이 함께할 수 있는 것으로 확장한 것에 불과하다고 볼 수 있는 것입니다.

창의적인 것을 만들어 내는 것은 창조적인 일을 해 내는 것과 한 가지입니다. 실제로 창의력의 정의는 지식이나 경험의 연결에 의해 새로운 아이디어의 도출이라는 의미로 전용되어 사용되는 경우가 많습니다. 즉 창의력이라는 것도 발명이 아니라 기존에 있던 것을 발견하는 것과 다름없다는 것이지요. 실제로 애플의 최고경영자이자 정보통신(IT)업계의 혁신가로 유명한 스티브 잡스는 놀랍게도 창조성을 '그저 연결하는 것'이라고 표현했습니다. 잡스에 의하면 창조성은 기존의 지식과 새로운 경험의 연결이기 때문에 비슷한 경험을 공유하는 직장 동료보다는 자신과 다른 경험이나 시각을 가진 사람을 자주 만나는 것이 중요하다고 말했습니다.

또 모든 애플 제품을 디자인하는 프로그-디자인(Frog Design)의 로버트 파브리칸은 "창의성은 내 안에 있는 것이 아니다. 그것은 우리 사이에 존재하는 것이다."라고 말하기도 했습니다. 즉 인간의 창조력은 여러 가지 지식과 경험의 연결을 통해서 이미 존재하는 것을 발견하는 것과 다름없다는 견해입니다. 창조적인 아이디어는 지식과 경험의 접점에서 발휘된다는 의미로 유추해 볼 수 있을 것입니다. 이에 따라 우리의 자녀 누구라도 이때까지 그 누구도 해 내지 못한 위대한 생각을 해 낼 수 있는 것입니다.

2. 창조의 원리에서 지혜와 공부법을 찾는다면?

그렇다면 창조력을 발휘할 수 있는 방법에는 어떤 것이 있을까요? '개성을 키워라', '기초지식부터 갖추어라,' '독서를 하라,' '직접 경험하라,' '이해식 학습을 하라,' '사고력을 키워라,' '메타 씽킹을 하라,' 'STEAM 교육을 하라' 등 학부모님들은 지금 이 순간에도 수많은 제안을 알게 모르게 받고 있을지도 모르겠습니다. 그러나 너무 뜬구름 잡는 것 같은 막연함에 제대로 시작조차도 못하는 경우가 부지기수일 것입니다. 그것보다는 좀 더 구체적인 안을 제안해 보도록 하겠습니다. 다음은 공부원리를 활용한 창조력 키우기를 생활 속에서 실천 가능한 행동강령 위주로 정리한 것입니다.

생각하는 습관을 키우자

창조와 창의란 무(無)에서 유(有)를 만드는 것만을 의미하는 것이 아니라 기존에 있었던 것을 바탕으로 하여 새로운 것을 만들어 내는 능력도 역시 창조와 창의를 의미하는 것이라는 점을 앞의 글을 통해 이미 인지하게 되었을 것입니다.

그렇다면 창조와 창의는 어떻게 가능할 수 있을까요? 그 답을 찾기 위해선 세상을 넓게 볼 필요가 있습니다. 그렇게 한다면 창조와 창의가 가능한 '생각할 수 있는 능력'이 필요하고 키워지게 됩니다. 추후 자세히 다루겠지만 생각이란 '헤아리고, 판단하고, 인식하는 따위의 정신작용'이란 기본 의미 이외에 '경험해 보지 못한 사물이나 일을 머릿속에 그린 그림, 어떤 것에 대한 의견이나 느낌 또는 관심이나 욕구' 등의 창조하기와 관련된 의미도 내포하고 있습니다.

결론적으로 창조력을 높이고 싶다면, 생각하는 습관을 키우면 되는 것입니다. 생각하는 것은 기본적으로 듣고, 보고, 배우는 과정의 학습을 통하여 만들어지는 것입니다. 또한 생각하는 습관은 자신을 존중하며, 매사에 감사하고, 자기주도적으로 해결하려는 의지와 실천을 통하여 이루어진다는 점을 명심해야 합니다.

새로운 마음가짐으로 도전하라

"일신우일신(日新又日新)"이라는 말이 있습니다. 중국의 고서인 대학(大學)에 처음으로 등장하는 문구로 '나날이 발전해 나가라,' '날로 새로워지려거든 하루하루를 새롭게 하라.'는 뜻입니다. 중국 은나라의 탕 임금은 일신우일신이라는 문구를 세숫대야에 적어 놓았다고 합니다. 이는 아침에 세수하면서 스스로 반성하고 매일 새롭게 변화하겠다는 다짐을 하기 위함이었습니다.

이와 마찬가지로 학생들도 하루를 시작하거나 공부할 때 매일 새로운 각오를 하는 것이 좋습니다. 공부를 시작할 때 타성에 젖어 그동안 해 오던 대로 수동적으로 시작하지 말고 매일 아침 새로운 마음가짐으로 공부할 수 있다면 보다 창조적인 공부가 가능해질 것이라고 믿어 의심치 않습니다. 학생이 새로운 마음가짐을 가질 수 있는 쉬운 방법이라면, 긍정적인 마인드를 가지는 것, 자신의 꿈이 이루어진 장면을 상상해 보는 것, 인생의 목표를 상기하는 것, 공부 계획을 세워 보는 것 등이 있겠습니다.

"고맙습니다."로 시작하라

"시작이 좋으면 끝도 좋다."는 이야기가 있습니다. 하루를 시작하는 아침이 기분이 좋다면 하루 내내 좋은 기분이 유지되기 마련입니다. 그러나 아침에 눈을 뜬다는 것은 피곤함과 싸우는 학생들과 직장인 모두에게 힘들고 버거운 일이지요. 상황이 이렇다 보면 스스로 일어나기가 힘들고, 깨우는 사람과의 실랑이로 아침부터 기분이 상하기 마련입니다.

일단 알람을 자신이 반드시 일어나야만 하는 시간에 맞추어 놓아야 합니다. 좀 더 자도 된다는 생각에 따른 우를 범하지 말라는 뜻입니다. 그리고 알람이 울렸을 때, "고맙습니다."를 외치며 일어나 보세요. 만약에 눈을 뜨지 못한다면 죽은 것과 다름이 없고, 제시간에 일어나지 못한다면 자신의 꿈을 이루기 위한 길에서 뒷걸음을 치게 된다는 것을 인식하여야 합니다. 그렇다면 아침에 스스로 일어난다는 것은 감사할 일이 아닌가요? 만약 본인 의지가 아닌 깨워서 일어나게 된다고 하여도 "고맙습니다."라고 인사해야 합니다. "감사합니다."로 시작하는 아침은 자신의 미래를 열어 주는 기분 좋은 시작이라는 점을 명심하길 바랍니다.

자기주도학습을 하라

창조적인 공부를 하고자 한다면 우선 자발적이고 적극적인 자세가 필요합니다. 창조적으로 공부를 한다는 것은 학교나 학원에서의 주입식 교육을 그대로 받아들이는 것이 아니라 내가 나에게 필요한 것을 스스로 찾아 공부하는 것이기 때문이지요. 창조적으로 공부하는 것, 즉 창조력을 키우는 공부는 스스로 자신의 학습을 주도해 나갈 때 가능해지는 것입니다. 궁금한 것은 자신 스스로가 해결하다 보면 궁극적으로는 자신만의 생각을 가지게 되는 창조성을 얻게 됩니다.

예를 들어 어떤 학생이 생물 시간에 세포에 대해 배운다면 그것을 자신의 신체와 관련지어 볼 수 있을 것입니다. 바이오테크(Bio-Tech)에서 흔히 언급되는 유전자(DNA)는 내 신체 안 세포 중 어디에 존재하는 것일까? 과일도 한때는 살아 있던 생물인가? 살아 있었다면 DNA가 있을까? 내 몸에 저장되어 있는 DNA의 정보는 장래에 어떻게 내 배우자의 정보와 함께 자녀에게 전달될까? 등과 같은 생각을 해 보기를 권합니다.

교과서 내에서는 연결하여 설명하고 있지 않지만, 우리가 생활 속에서 가질 수 있는 의문은 얼마든지 있습니다. 그리고 조금 더 깊이 관찰하고 학습한다면, 교과서에 이미 이 모든 답이 있다는 것을 알 수 있습니다. 자기주도학습은 별다른 것이 아닙니다. 능동적인 의문을 가지면서 공부하는 것이 바로 자기주도학습의 본모습인 것입니다. 이미 배운 것들을 유기적으로 연결하면서 생각할 수 있다면 가히 창의력이 있다는 평가를 받을 수 있는 것입니다.

이렇듯 창조적인 공부와 자기주도학습은 불가분의 관계에 있습니다. 창조적으로 공부하는 데에는 반드시 자기주도학습이 필요하고 자기주도적으로 공부하다 보면 창조성이 길러지는 것입니다.

창조를 위한 올바른 행동강령

1. 미래를 향한 꿈을 꾸어라

`STEP 1 ▶` 미래에 나는 어떤 사람이 되고 싶은지를 깊이 생각하라

프랑스의 소설가 앙드레 말로는 "오랫동안 꿈을 그리는 사람은 마침내 그 꿈을 닮아간다."는 말을 남겼다. 꿈을 꾼다는 것은 단순하게 장밋빛 미래를 그리는 것만이 아니다. 꿈은 구체적으로 준비하고 계획할수록 그 실현 가능성 또한 높아지는 미래의 청사진이다. 하지만 "꿈이 무엇이냐?"고 물어보면 단순하게 간호사, 외교관, 의사 등 '되면 좋지만 아니면 말고' 식으로 답하는 학생들이 적지 않다. 그러나 진정 이루고 싶은 꿈이라면, 치밀한 진로 탐색을 바탕으로 보다 구체화된 꿈을 갖는 것이 좋다. '기업의 사회적 책임을 성실히 수행해 나가는 착한 IT 기업을 경영하는 사람'과 같이 구체적인 청사진을 가진 학생은 그렇지 않은 학생과 공부의 동기와 방향, 모든 면에서 차이가 날 수밖에 없다. 자신의 꿈이 이루어진 장면을 상상해 보면서 인생의 목표를 상기하는 것에서부터 창조적인 공부는 시작된다.

∘ ∘ ∘ ∘ ∘

`STEP 2 ▶` 나의 꿈을 실현시키기 위해 내가 해야 할 일을 명확히 하라

적지 않은 학생들이 자신의 꿈을 이루려면 '○○대학 △△학과에 입학해야 한다.'는 목표만 생각한다. 물론 이런 목표만으로도 큰 동기부여를 얻고 학습에 매진하는 학생들이 있다. 하지만 대학에 입학하는 것만이 전부가 아니다. 대학은 꿈으로 향해 가는 한 단계일 뿐이며, 대학 말고도 꿈을 이루기 위해 넘어야 할

난관이 적지 않다. 난관을 효과적으로 헤쳐 나가기 위해서는 목표 외에도 구체적인 실행계획이 뒷받침되어야 한다.

○ ○ ○ ○ ○

STEP 3 ▶ **매일 한 번씩 자신의 미래 모습을 상상해 보라**

공부한다는 것은 매일 새로운 것을 알아가는 것이기도 하다. 이전에 알지 못했던 새로운 지식을 기존의 지식과 연결하며 나만의 지식으로 소화해 내는 과정으로 상당한 창의력이 요구되는 작업이다. 적지 않은 에너지가 소모되는 이 과정을 지치지 않고 수행하려면 그만큼 강력한 동기부여가 필요하다. 잠들기 전 매일 한 번은 자신의 미래 모습을 상상해 보자. 공부하느라 지친 마음을 어루만지고 리프레시(refresh)하는 시간을 가짐으로써 힘든 학교생활을 보다 힘차게 해 나갈 수 있는 동력이 마련될 것이다.

2. 모든 일에 감사하라

체크리스트

☐ 매일 아침마다 감사함을 느끼며 일어난다.

☐ 공부하다가 모르는 문제를 만나고, 어렵게 이를 해결했을 때도 감사한 마음을 갖자. 이러한 과정을 통해 한 발 더 성장할 수 있기 때문이다.

☐ 틀린 문제도 감사해야 한다. 지금 내가 이걸 모른다는 걸 알지 못했다면 나중에 더 큰 시험에서 틀렸을지 모른다.

☐ 나를 생각해 주는 부모님과 선생님에게 늘 감사함을 갖는다. 나의 공부와

미래를 가장 열렬히 응원하고 도와주는 이들이다.

☐ 매일 밤 자기 직전, 오늘 하루 동안 나의 성장에 감사한다. 내가 얼마나 성
장했는지를 분명히 아는 것은 앞으로의 발전에 있어서도 매우 중요하다.

3. 자기주도학습을 하라

— Tips —

① 공부하다 모르는 부분이 있으면 체크하고 넘어가기 전에, 단 1분만이라도 더
생각해 보는 습관을 갖는다.

② 궁금증이 생길 때마다 인터넷에 의존하지 않는다. 책이든 노트든 내가 학습
한 부분을 다시 돌이켜 보며 교과서 등 교재를 활용하여 해결해 보려는 습
관을 갖는다.

③ 교과서를 공부하다가 생긴 의문과 호기심. 이와 관련된 서적을 찾아 읽어 본
다.

④ 틀린 문제, 해설을 보지 말고 다시 한 번 풀어 본다.

⑤ 선생님을 두려워하지 않는다. 하루에 한 번씩 선생님을 찾아가 질문을 하는
습관을 늘이는 것노 좋나.

2장

혼돈의 원리

혼돈, 생각하는 시간을
통하여 정리하라!

주목! 성경 속 이 말씀!

땅이 혼돈하고 공허하며 흑암이 깊음 위에 있고 하나님의 영은 수면 위에 운행하시니라(창 1:2).

빛이 하나님이 보시기에 좋았더라 하나님이 빛과 어둠을 나누사 하나님이 빛을 낮이라 부르시고 어둠을 밤이라 부르시니라 저녁이 되고 아침이 되니 이는 첫째 날이니라 하나님이 이르시되 물 가운데에 궁창이 있어 물과 물로 나뉘라 하시고 하나님이 궁창을 만드사 궁창 아래의 물과 궁창 위의 물로 나뉘게 하시니 그대로 되니라(창 1:4-7).

1. 성경에서 찾는 혼돈의 원리

하나님께서 이 세상을 창조하신 것은 사람의 능력이나 이해를 넘어선 신의 영역에서 이루어진 일입니다. 그래서 사람의 머리로 하나님께서 하신 일을 완전히 이해한다는 것 자체가 처음부터 맞지 않는 이야기일지도 모르겠습니다. 이것은 마치 컴퓨터 앞에 앉아 있는 고양이가 컴퓨터가 어떻게 만들어지고 어떻게 작동하는지를 알려고 하는 것 이상으로 불가능한 일이라 할 수 있는 것입니다.

그러나 하나님은 성경을 통해서 사람들에게 천지창조에 대해서 설명하십니다. 사람들이 성경의 내용을 다 이해하는 것은 불가능하지만, 얻어야 할 교훈이 있기에 최대한 이해할 수 있도록 설명하셨습니다. 따라서 성경에 있는 천지창조에 관한 말씀을 통해서 하나님이 어떤 방식과 원리로 천지를 창조하시는지와 그 안에서 하나님의 일하시는 방법, 그리고 원리와 교훈을 찾을 수 있습니다

하나님이 천지를 창조하신 후에 가장 먼저 하신 것은 혼돈한 것을 정리하는

일이었습니다. 성경은 하나님께서 말씀으로 세상을 창조하신 후에 그 땅이 혼돈한 상태였고 공허한 상태였다고 말합니다. 그리고 빛과 어둠도 나누어지지 않은 상태라고 합니다. 그런데 땅이 혼돈하고 빛과 어둠이 나누어지지 않은 것이 어떤 상태였는지 우리 인간이 인지하기는 어려운 일입니다.

　　그러나 우리가 알 수 있는 것은 하나님께서는 그 상태를 정리하는 것을 통해서 세상을 창조하는 작업을 시작하셨다는 것입니다. 하나님은 창조의 첫째 날에 빛과 어둠을 나누고 둘째 날에 궁창 아래 물과 궁창 위의 물, 즉 하늘의 물과 땅의 물로 나누셨습니다. 그리고 셋째 날에는 땅과 바다를 나누셨습니다. 6일간의 창조의 날 중에 3일 동안 하신 일은 혼돈을 정리하고 나누는 일이었던 것이지요. 여기서 알 수 있듯이 혼돈한 것을 나누는 것이 창조에 있어서 그리고 하나님의 일하시는 방법에 있어서 얼마나 중요한 것인지를 알 수 있습니다.

2. 성경 속 혼돈의 원리, 생활과 공부에 적용시키면?

　　하나님께서는 혼돈한 것을 나누시고 또 이어지는 성경을 보면 분류되지 않은 것을 분류하는 성경 여러 곳에서 찾아볼 수 있습니다. 결정적으로 성경은 하나님을 믿는 사람과 믿지 않는 사람을 나누고 영원한 천국에 들어갈 사람을 나누고 구별하는 것을 말하고 있습니다.

　　처음 천지가 창조될 때, 아무것도 새로운 것이 창조되고 생산될 수 없는 혼돈스러운 상태였으나 하나님은 본격적인 창조 작업을 하시기 위하여 혼돈상태를 먼저 정리하셨다는 것은 앞에서도 말씀드렸습니다

　　이 부분을 통해 우리는 뭔가를 시작할 때 혼돈한 것을 나누고 정리하는 것이 필요하다는 교훈을 얻을 수 있습니다. 하나님께 혼돈을 정리하고 나누는 일이 중요한 일이자 원리이듯 우리에게도 혼돈을 정리하는 일이 중요하고 또 모

든 일 중에 먼저 해야 할 일이라는 것을 생각할 수 있습니다. 자녀 지도를 하는 학부모님, 학습을 시작하려는 학생들에게도 혼돈을 정리하는 것은 중요합니다. 하나님의 교훈을 새겨 혼돈을 정리하는 일이 얼마나 큰일을 하게 만드는 초석이 되는지를 한번 생각해 보길 바랍니다.

1. 혼돈의 정의, 창조의 전조

앞서 성경 속 혼돈의 원리에 대해 이야기를 해 봤습니다. 그렇다면 혼돈의 사전적 의미는 무엇일까요? 살펴보자면 혼돈은 "온갖 사물이나 정신적 가치가 뒤섞이어 갈피를 잡을 수 없음. 하늘과 땅이 아직 나누어지지 않은 태초의 상태"로 되어 있습니다.

혼돈을 의미하는 카오스(chaos, 케이아스)는 헤시오도스의 '신들의 계보(Theogony)'에 따르면 태초에 자연적으로 생긴 4가지 힘 중에 처음 나타난 무(無) 상태의 빈공간이라 하였습니다. 그 후 대지와 활동 공간을 의미하는 "가이아" 지하세계나 사후세계로 정지, 휴식 또는 망각의 공간을 의미하는 "타르타로스" 사랑, 욕구, 발전에 대한 의지를 의미하는 "에로스" 등이 차례로 나타났다고 합니다.

이처럼 혼돈이란 뜻은 무엇인가가 어긋난 잘못된 상태를 의미하는 것이 아니라 무엇인가를 정리하거나 시작하기 위한 앞선 단계를 의미하는 것입니다. 어쩌면 혼돈은 반드시는 아니더라도 새로운 창조를 위한 거쳐야 할 하나의 요식(要式)일지도 모르겠습니다.

학습 혼돈, 그 원인은 무엇일까?

자, 이제 혼돈의 원리에서 공부법을 찾아야 할 때입니다. 학습을 하는 수많은 학생들이 학습의 혼돈을 느끼고 이를 미처 정리하지 않은 채 무늬만 '공부'인 공부를 하곤 합니다. 그 원인은 무엇일까요?

예를 들어보겠습니다. 공부를 운동과 비유해 보지요. 공부하는 행위를 특정 운동과 비유하자면 공부는 어떤 종목과 유사할까요? 긴 시간 동안의 고통을 견뎌내고, 이겨 내야 하고 속도를 늦춰서도 안 되며 결과에 대한 모든 책임을 자신이 지고 가야 하는 외로운 싸움을 해야 한다는 측면에서 '장거리 마라톤'과 유사하다고 할 수 있습니다. 특히 마라톤이 지속적으로 반복되는 것을 상상하는 자체만으로도 어려움이 느껴질 것입니다. 이렇듯 '진학과 직결되는 학습(이를테면 수능 공부)'은 아무리 공부를 잘하고 좋아하는 학생이라 할지라도 상황을 견뎌내질 못하는 상태, 즉 멘탈 붕괴에 빠지는 경험을 한 번은 하게 될 것은 분명합니다. 이 멘탈 붕괴를 경험한 뒤 빠져나오지 못하면 성적이 하락하는 고통을 겪게 되고, 이것이 반복되다 보면 학습혼돈(學習混沌)으로 이어지는 것입니다.

설령 공부를 잘하는 학생조차도 긴 학습을 지속하다 보면 멘탈 붕괴에 빠지고 학습혼돈으로 이어지는 것이 당연한데, 공부에 관심이 없거나 공부에 취미를 붙이지 못하는 학생, 공부해도 성적이 안 오르는 학생들은 말할 것도 없습니다. 즉 장거리 마라톤을 잘 뛰는 국가대표급 선수들도 한번 마라톤을 뛰고 나면 체력이 완전히 빠지고 극한의 고통을 경험하게 되는데, 마라톤 초보자가 42.195km의 마라톤을 지속하면 매일 훈련을 거듭한 마라톤 선수들보다 더 강도가 높은 고통을 받을 것이 뻔하다는 말이지요.

모든 학생은 학습에서 혼돈을 겪습니다. 중요한 점은 이 혼돈을 얼마나 잘 정리해서 혼돈의 상태를 벗어나느냐가 우등생과 그렇지 않은 학생을 가르는 기준이 되는 것이죠. 학습에서 혼돈을 계속해서 겪는 일은 자기 확신이 없기 때문이거나 남들이 인정하는 가치를 인정하지 않기 때문에 또는 자신만의 꿈이나 희망이 없기에 생기는 경우가 많다는 점을 반드시 인지하길 바랍니다. 학습에서 혼돈을 겪었다면 "이 또한 지나가리라(This, too, shall pass away)."는 마음으로 빨리 정리하고 수습을 해야 긴 슬럼프에서 탈출할 수 있는 것입니다.

2. 혼돈의 원리에서 지혜와 공부법을 찾는다면?

관념철학을 대표하는 독일의 철학자 헤겔은 인간은 변증법적인 과정을 거치면서 현실을 직시할 수 있게 되어 자기발전을 실현하게 된다는 사상을 제시하였습니다. 헤겔의 변증법은 정(正,these)・반(反,antithese)・합(合,synthese)으로 완성되는 것으로서 모순적인 상태가 정이고 여기에서 모순을 제거한 것이 반이라고 설명합니다. 하지만 모순을 없앤다는 것은 불가능하므로 반에서 버릴 것과 취할 것을 취사선택한 합이라는 개념을 제시합니다. 합 역시 완전할 수가 없기에 합은 다시 정이 되고 이 과정이 반복되다 보면 점차 바람직한 모습을 갖추게 된다는 이론입니다.

정・반・합의 논리를 학습에 적용하여 생각해 보면 우등생으로 거듭나는데 큰 도움을 받을 수 있습니다. 즉 지금 혼돈의 상태를 겪고 있는 것은 어쩌면 보다 바람직한 모습을 갖추기 위한 지나가는 진통에 불과한 것이라는 생각을 가질 수 있습니다. 지금의 혼돈을 정리하기 위하여 정・반・합의 원리에 비추어 학생의 상태를 분석해 봅시다. 정과 반에서 합으로 옮겨 가는 방법들을 다음과 같이 제시하니 꼭 실천에 옮겨 보길 바랍니다.

큰 틀에서 이해하고 정리하라

학습한 것에 대하여 어떠한 성취가 만들어지지 못해 공부방법에 대한 혼돈을 겪을 때, 조금 더 큰 틀에서 이해하고 다시 정리해야 하는 과정이 필요합니다. '큰 틀에서'라는 것은 몇 가지 관점에서 생각할 수 있는데, 우선은 그 과목에서 벗어나 전반적인 현상으로서 문제를 바라보는 것입니다. 예를 들어 '삼권분립'에 대해서 이해가 잘 안 되는 것이 있다면 교과서에서 벗어나 뉴스나 신문, 인터넷 등에서 찾아보는 방법입니다. 특히 뉴스에는 입법부, 사법부와 행정부의 역할을 넘어 순기능과 역기능까지도 자주 보도됩니다. 공부하면서 같은 주제에 대해 생활과 연계하는 방향으로 관심을 갖는다면, 모호했던 개념이 더 와 닿게 되고 사고력 또한 확장될 것입니다. 학습을 꼭 교과서라는 테두리로 한정 지을 필요는 없습니다. 교과서 틀 내의 학습에서 혼돈을 겪게 된다면 교과서 영역을 탈피해 보는 적극적인 시도를 통해 혼돈을 정리할 필요가 있는 것입니다.

다음으로 다른 과목과 연결해서 생각해 보는 과정도 도움이 됩니다. 과학 과목을 공부하다 이해력의 한계가 찾아오면 다른 과목에서 배운 것과 연결해서 생각하라는 말입니다. 예를 들어 아인슈타인은 "벌이 멸종하면 4년 안에 사람도 멸종할 것이다."고 말했습니다. 아인슈타인이 이를 철학적 명제로 표현한 것인지, 과학적인 분석을 바탕으로 설명하였는지는 모르겠지만 우리는 이것을 여러 관점에서 생각해 볼 수 있을 것입니다. 과학적으로는 꽃가루를 전달하는 벌이 멸종하면 꽃이 열매를 맺지 못하여 식량난이 생기고 결국에는 인간이 멸종한다는 뜻일 수도 있겠습니다. 그렇다면 땅에는 무인자동차가, 하늘에는 날아다니는 자동차가 운행되는 시기에 식물을 인공적으로 수분시키는 기술을 개발하거나 대규모 인공농장에서 수분하는 것이 불가능할까요? 이처럼 생각이 꼬리에 꼬리를 물어가며 이어지는 전개는 결국 생물학과 물리학의 연결과정이 되는 것입니다. 이처럼 조금 더 큰 틀에서 생각하는 과정 속에서 학생들은 더 많은 지식을 쌓게 되고 더 깊은 탐구의 과정을 거치게 됩니다. 이해가 더 잘 되고 기억에 더 오래 남는 것은 말할 필요가 없습니다. 특정 과목에서 배운 내용을 다른 과목 내용과 복합적으로 연결하며 사고를 확장하는 시도를 꾸준히 해 보기를 바랍니다.

단순하게 생각하고 실행하라

"꼴찌도 밤을 새운다."는 말이 있습니다. 이는 해야 할 것이 많은 상황 속에서 무엇을, 어떻게 해야 할지 몰라 딴짓만 하다가 멍하니 시간만 보내는 학습의 혼돈을 겪는 상황을 빗댄 표현일지도 모릅니다. 이러한 학습 혼돈은 집중력 부족에서 오는 것이고 이를 정리하기 위해서는 단순하게 생각하고 실행하는 것이 우선입니다. 가장 간단한 방법은 자신이 스스로 할 수 있는 것부터 일단 하는 것입니다. 물론 생각을 많이 하는 것은 중요한 일이지만 머릿속이 혼란스러운 상황에서는 어떠한 결정도 내릴 수 없기에 오히려 생각하는 행위 자체가 독이 될 수도 있습니다. 자, 지금부터 자신이 스스로 할 수 있는 과목이나 내용을 무작정 공부해 보세요. 이렇게 시작했다면 다음에 학습의 혼돈을 겪을 때도 많은 생각을 하지 말고 일단 실행에 옮겨 보세요. 이것이 바로 우등생 공부법의 입문 단계임을 명심하길 바랍니다.

중요하고 급한 것부터 하라

시간은 부족하고 해야 할 공부가 산적한 경우에는 어떻게 하는 것이 좋을까요? 중요도를 바탕으로 급한 것부터 순서대로 일을 처리하는 것이 가장 효율적일 것입니다. 우선 내가 공부해야 하는 과목이 앞으로의 자신의 미래를 설계하는데 얼마나 필요한지, 대학 입시에서 얼마나 필요성이 높은 과목인지, 학생부에는 얼마나 중요하게 반영되는지 등을 살펴본 후 당장 해야 할 것을 정하길 바랍니다. 기초가 없다고 해서 앞부터 차분히 하는 것도 하나의 방법은 되겠지만 그보다는 학교 진도에 따라 모르는 부분을 보충하면서 당장 해야 할 공부를 하는 것이 더 효율적인 방법입니다.

꿈과 목표를 세워라

모든 혼돈을 정리하는 방법 중에서 가장 중요한 기본은 꿈과 목표를 세우는 것입니다. 여기서 꿈은 인생의 최종적인 목적지이고 목표는 꿈에 다다르기 위한 중간과정이라고 정의하는 것입니다. 혼돈한 인생이 큰 숲이라면 꿈과 목표는 그 숲에서 우리를 올바른 방향으로 이끌어 주는 역할을 할 것입니다. 꿈과 목표는 어두운 밤 망망대해의 등대와 같이 방향을 잃지 않고 목표지점으로 가장 안전하게 도달할 수 있도록 해 주는 길라잡이입니다.

자신이 바라는 진정 아름다운 인생을 위한 꿈을 한번 상상해 봅시다. 그 어떤 것이라도 좋습니다. 현재 꿈이 없다면 그 꿈을 찾는 가장 간단한 방법을 실행에 옮겨 봅시다. 예를 들자면 다양한 분야에서 업적을 이룬 위인들의 전기를 찾아 읽는 것입니다. 그중에 분명 마음에 깊이 와 닿는 부분이 생길 것입니다. 그리고 그 위인이 마음에 드는 이유를 생각하다 보면 꿈을 찾아가는 동기를 발견할 수 있을 것입니다. 영국의 정치가 벤자민 디즈레일리의 "위대한 생각을 길러라. 우리는 어떤 일이 있어도 생각보다 높은 곳으로 오르지 못한다."는 이야기를 꼭 상기해 보길 바랍니다. 꿈과 목표가 없다면 이루어지는 것도 없다는 사실을 명심하면서.

주변에 도움을 청하라

아직 경험과 지식이 부족한 학생들은 공부를 포함한 여러 가지 면에서 자신이 어떤 방법을 취해야 할지, 또 어떤 선택을 해야 할지 몰라 어찌할 바를 모르는 혼돈의 상황에 한번쯤은 부딪힐 것입니다. 물론 스스로 방법을 찾아내는 것이 최상이겠지만, 경험과 지식이 부족한 학생들이 모든 것을 능수능란하게 처리하기에는 역부족일 수밖에 없습니다.

우리 속담에 "병은 자랑하라."는 말이 있습니다. 이는 '스스로 해결할 수 없는 문제가 있는 경우 숨기지 말고 주변에서 해결책을 구하라.'는 뜻을 의미합니다. 공부도 마찬가지입니다. 자신이 부족하여 해결할 수 없다면 부끄러워하지 말고 누구에게든 도움을 줄 수 있는 사람을 찾아가서 조언을 구하는 것은 당연한 일입니다. 이런 것을 절대로 부끄러워하지 말기를 바랍니다.

물론 조언자로는 자신의 가장 가까이에 있는 부모님을 포함한 가족이 우선순위가 될 수 있습니다. 본인의 특성을 파악하고 있는 선생님을 찾아가서 공부법을 포함한 상담을 받아 보는 것도 좋습니다. 위의 것들이 여의치 않거나 좀 더 객관적이고 포괄적인 상담을 원한다면 학업적성검사 등을 받아 보거나 전문가의 컨설팅 받아 보는 것도 큰 도움이 될 것입니다. 이들 문제보다 더 근원적인 문제들이 있다고 판단된다면 심리상담가나 정신과 전문의의 상담과 치료를 받아보는 것도 주저하지 말길 바랍니다.

자신만의 공부 방법을 찾아라

사람마다 생각이 다르고 생각하는 방식도 다릅니다. 같은 글을 읽어도 이해하는 방향이 다르듯 같은 교과서로 공부했을 때도 마찬가지입니다. 어떤 학생이 교과서 한 부분에서 내용을 잘 이해했다고 하여 무조건 머리가 좋다고 단정할 수는 없습니다. 초등학교 3학년 때 이미 1부터 100까지의 합을 암산으로 풀어낸 천재 수학자 가우스는 교과서의 내용을 바라보는 관점이 다른 학생과는 전혀 달랐다고 합니다. 교과서나 수업내용이 이해가 잘 안 된다고 하여 실망하지 말고 내가 잘할 수 있는 방법을 찾는 것에 집중해 보세요. 자신에게 알맞은 공부 방법과 사고의 방법을 찾아내는 것이야 말로 학습능률을 높이고 학습증진을 실현시켜 주는 최고의 방법이 될 것입니다.

혼돈 정리를 위한 올바른 행동강령

1. 이해한 후 정리하라

STEP 1 ▶ 무작정 답부터 찾으려 말고, 차근차근 이해하려는 노력을 먼저 하라

연계성이 큰 과목, 이를테면 수학과 같은 과목을 공부할 때는 앞부분을 완벽히 학습하지 않으면 결코 뒷부분을 수월하게 풀 수 없다. 이때 무조건 책이나 노트를 들춰보며 답부터 맞추려고 하면 안 된다. 그 문제를 해결하더라도 다음 과정에서 또다시 장애물을 만날 수밖에 없다. 이런 경험이 계속되다 보면 학생이 스스로 학습의 혼돈을 겪게 된다. 이럴 때는 학습의 가장 앞부분으로 돌아가 내가 어떤 부분의 학습에서 미진했는지를 파악하는 노력부터 해야 한다. 이런 상황은 대부분 앞부분에 대한 학습이 미진한 탓에 벌어지는 것이기 때문이다.

○ ○ ○ ○ ○

STEP 2 ▶ 그래도 이해가 안되면 보다 시각을 넓혀 생각해 보라

일부 학생들 중에는 STEP 1의 과정을 충실히 이행했음에도 현재 학습하고 있는 단원에 대한 의문을 쉽게 해소하지 못하곤 한다. 이럴 때는 보다 넓은 시각에서 자신이 공부한 것을 조망하는 태도가 필요하다. 대표적인 방법은 교과서의 내용을 현실 세계와 연결해 생각해 보는 것이다. 예를 들어, 특정 과학 개념이 이해가 안 된다면 해당 과학 개념을 발견한 과학자의 실제 삶을 탐구하면서 어떤 과정을 거쳐 해당 이론을 발견했는지를 추적해 본다. 어쩌면 불필요한 공부라고 생각될 수도 있지만, 오히려 이 과정에서 개념이 생겨난 배경이나 개념의 원리를 보다 쉽게 이해할 수도 있다.

STEP 3 ▶ 잠시 다른 과목으로 눈길을 돌려 사고를 유연하게 하라

때로는 지금 공부하고 있는 과목에서 막히는 부분은 아예 다른 과목 학습을 통해서 해소되기도 한다. 과학 공부를 하다가 어려움을 겪었던 이론이 갑자기 국어 비문학 지문에 등장한 과학기술 관련 지문을 읽고 해결된다거나, 경제 과목에서 느꼈던 어려움을 역사과목의 조선의 경제체제를 공부하다가 해소되곤 한다. 이런 일이 가능한 이유는 한 과목을 계속해서 공부하면서 정체되어 있던 사고가 다른 과목을 학습하는 과정에서 유연해지는 덕분이다. 만약 지금 하고 있는 과목에서 혼돈을 겪고 있다면, 잠시 그 과목을 내려놓고 다른 과목 공부로 한 템포 쉬어 가는 것이 좋은 방법이다.

2. 계획을 세우고 지켜라

 체크리스트

☐ 꿈과 목표를 명확하게 하고, 이를 이루기 위한 계획을 연간 단위로 쪼개 수립한다(대학에 입학과 그 이후의 계획까지도).

☐ 올해 당장 주어진 과제가 무엇인지 생각하고, 이를 수립할 계획을 다시 월별로 나눠 세워본다.

☐ 월별 목표에 맞춰 다시 주별, 일별 학습 계획을 체계적으로 수립한다. 연간, 월간 계획이 큰 방향성을 나타낸다면, 주별, 일별 학습 계획은 실현 가능성에 더욱 초점을 맞춰야 한다. 괜히 무리하게 계획을 세웠다가 이를 지키지 못하면 전체 목표가 흔들릴 수 있으므로, 중간에 부족한 부분을 보완하는 시간을 반드시 포함시킨다.

□ 자신이 세운 계획을 충실히 수행하고 있는지 매일 밤 점검한다. 계획을 보다 체계적으로 실행에 옮기기 위해 만약 자신이 세운 계획을 제대로 실행하지 못했을 시에 자신에게 어떤 벌을 내리고, 훌륭히 수행해냈을 때는 어떤 보상을 내릴지도 명확하게 정해 둔다.

3. 중요하고 급한 것부터 처리하라

— Tips —

① 학습을 시작하기 전, 내가 해야 할 일과 주어진 시간이 얼마인지를 파악한다. 여기서부터 공부의 효율이 갈린다.

② 목표를 이루는 데 필요한 것인지, 대학 진학에서 얼마만큼의 중요성을 갖고 있는지 등을 기준으로 당장 중요하고 급한 과목과 그렇지 않은 과목으로 분류해 공부의 우선순위를 정한다.

③ 우선순위에 맞게 각각의 공부에 투입할 시간과 노력을 정하고, 중요하고 급한 순대로 공부한다.

④ 다양한 공부를 하더라도, 실제로 어떠한 공부를 할 때는 그것을 하는 이유와 복석만 생각한다. 단순하게 생각해야 공부의 집중도도 높아진다.

⑤ 후순위로 밀린 과목이나 단원이라도 그때그때 학교 진도에 맞춰 부족한 부분에 대한 공부를 놓치지 않도록 한다.

⑥ 우선순위에 따라 중요한 과목 순으로 학습을 끝낸 뒤에는 다시 처음으로 돌아가 분류 작업(체크리스트 1단계)을 하고, 그에 따라 학습한다. 혼자서 판단이 어려울 경우 선생님 등에게 도움을 요청하는 것도 현명한 방법이다.

3장

명칭의 원리

.
.
.

계획 단계부터

알맞은 이름 붙여라!

주목! 성경 속 이 말씀!

하나님이 빛을 낮이라 부르시고 어둠을 밤이라 부르시니라 저녁이 되고 아침이 되니 이는 첫째 날이니라(창 1:5).

여호와 하나님이 흙으로 각종 들짐승과 공중의 각종 새를 지으시고 아담이 무엇이라고 부르나 보시려고 그것들을 그에게로 이끌어 가시니 아담이 각 생물을 부르는 것이 곧 그 이름이 되었더라(창 2:19).

1. 성경에서 찾는 명칭의 원리

창조 기사에서 가장 중요한 것 중 하나는 하나님께서는 이름을 붙이신다는 것입니다. 첫째 날 하나님께서 빛을 '낮'이라고 부르시고 어둠을 '밤'이라고 이름을 짓고 부르신 것처럼, 둘째 날에는 궁창을 '하늘'이라 부르시고, 셋째 날에는 뭍을 '땅'이라고 부르십니다. 하나님은 세상을 창조하시면서 이름을 짓고 부르시는 일도 같이 하셨습니다.

어떤 것에 이름이 있다는 것에 대해 지금 우리에게는 너무나 당연해서 이름에 대해 무감각하게 반응을 합니다. 하지만 하나님께서 천지를 창조하실 태초에는 만물에 이름이 없었기에, 이름을 정하는 일이 그렇게 당연한 것은 아니었을 것입니다. 따라서 하나님께서 모든 것들에 이름을 정하는 원리를 주셨고 우리는 그에 따라 따라하면서도 당연하다고 생각할 뿐 이름에 대한 중요성을 깨닫지 못하고 있는 것입니다.

아무튼 중요한 것은 하나님께서는 어떤 것을 창조하신 후에 그것에 이름을 붙이시는 일을 하셨다는 점입니다. 이러한 이름 짓기가 근원적으로 어떤 의미가 있는지를 설명하는 것은 쉽지 않지만, 하나님께서 이름 짓는 것을 중요하게 생각하셨다는 것과 그것이 창조에서 아주 중요한 요소이고 원리라는 점을 깨닫는 것은 전혀 어렵지 않습니다.

하나님은 자신이 이름을 짓는 것을 넘어서 사람에게도 이름 짓는 것을 요구하십니다. 하나님은 모든 동물들에게 이름을 지어주라고 아담에게 시키시는데, 이는 곧 하나님의 일을 하나님의 형상을 닮은 인간인 아담에게 시킨 것이자 가르치신 것입니다. 즉 하나님의 중요한 원리를 전수하라는 의미가 있다고도 할 수 있습니다.

2. 성경 속 명칭의 원리, 생활과 공부에 적용시키면?

뭔가에 이름을 붙인다는 것은 아주 큰 의미가 있습니다. 잘 알려진 김춘수의 '꽃' 이라는 시에는 이를 잘 나타내는 구절이 있지요. 우리가 뭔가에 이름을 붙여 주는 순간 그것은 의미 없는 것에서 의미 있는 것이 되고, 나와 관계없는 것에서 나와 관련된 것이 됩니다.

> 내가 그의 이름을 불러 주기 전에는
> 그는 다만 하나의 몸짓에 지나지 않았다.
> 내가 그의 이름을 불러 주었을 때
> 그는 나에게로 와서 꽃이 되었다.

이름 짓는 것은 하나님께서 직접 행하신 중요한 일 중 하나입니다. 그렇다면, 이를 통해 우리가 얻어야 할 깨달음은 무엇일까요?

이름을 붙이는 것은 중요한 일이라는 것입니다. 따라서 만물에 적절한 이름을 붙여야 합니다. 그리고 이것에 대해 깊이 생각해 보는 것이 중요합니다.

이름이 있다면 용도가 있는 것이고, 그에 맞는 자격도 지니고 있는 것입니다. 우리 사람에게도 이름이 있습니다. 항상 자신의 이름에 어떤 뜻이 있는지, 이름에 걸맞게 살기 위한 다짐과 노력을 꾸준히 하고 있는지를 돌아볼 수 있어야 합니다. 자녀에게 좋은 이름을 붙여 주는 것도 중요하지만 자녀가 자신의 이름에 걸맞은 삶을 살도록 독려하고 지도하는 것도 중요합니다.

1. 명칭, 자격과 판단의 근거

이름은 제목 등으로 쓰여서 겉으로 드러난 의미뿐만 아니라 여러 가지 숨은 의미도 지니곤 합니다. 사물을 지칭할 때, 본질(本質)을 가리키기도 하며 성질(性質)이나 특질(特質)을 나타내기도 합니다. 신사임당, 링컨처럼 머릿속에 그들의 업적과 이상을 생각나게 하는 이름도 있습니다. 신문 기사나 책의 제목은 그 기사나 책의 내용을 가장 함축적으로 표현합니다.

그래서 공부할 때, 목차나 제목에 주목해야 합니다. 목차는 이름을 단순히 나열한 것을 넘어 책 내용의 구성을 소개하고 있는 것입니다. 손쉽게 한 권의 책을 미리 훑어보는 효과를 얻을 수 있습니다. 목차활용법은 예습과 복습, 모두에 유용합니다.

개념에서도 이름은 중요합니다. 방정식이나 인수분해, 가속도 등의 용어는 그 의미부터 먼저 제대로 이해하는 것이 공부에 큰 도움이 됩니다. 이름의 의미를 파악하는 과정에서 해당 단원에서 다루게 될 내용을 쉽게 유추하고, 지금까지 자신이 배워 온 부분과 연결이 될 수 있는지도 파악해 볼 수 있습니다.

입시에서 '개념정리'란 용어가 유행하고 있는 것은 어제 오늘 일이 아닙니다. 개념정리를 달리 말한다면 '용어 정리'라고도 할 수 있습니다. 명칭정리와 다를 바가 없지요. 요즘 서점에서 판매되는 교재에 각 단원별로 해당 단원의 이름을 한자로 풀이하여 알려 주는 참고서가 생겨나는 이유도 여기에 있습니다. 교과서에 나오는 한자를 쓰지는 못하더라도 뜻을 이해하는 읽는 능력은 꼭 필요합니다.

네이밍(naming)

네이밍이라는 말은 1970년대 마케팅 분야에서 회사, 제품, 책 등의 제목이나 이름을 개발하는 의미로 사용되었는데 현대에서 아주 중요한 부분으로 부각되고 있습니다. 네이밍에는 몇 가지 유형이 있는데 제품의 속성을 설명하는 형식의 '설명형 네이밍'이 있고, 연상 작용을 일으키는 '연상적 네이밍', 그리고 '상징적 네이밍'이 있습니다. 이런 네이밍을 이해하고 이용하는 것이 공부에 유익할 수 있습니다. 공부하면서 만나게 되는 많은 용어나 이름들의 의미와 가치를 알면 그것을 통해서 이어지는 학습 내용을 연상할 수 있습니다. 그리고 나아가 공부하면서 그 내용들을 스스로 네이밍하면 공부에 많은 도움이 됩니다.

2. 명칭의 원리에서 지혜와 공부법을 찾는다면?

가치를 파악하라

우리가 알고 있는 모든 사물에도 각자 이름이 있고 그에 걸맞은 가치가 있습니다. 새로운 이름을 습득했다면 그 이름이 무슨 의미인지 한 번쯤은 유심히 살펴볼 필요가 있습니다. 예를 들어 어린 아이가 동대문이라는 이름을 익히면 그것이 동쪽에 있는 큰 문이라는 것을 알게 해 줌으로써 연이어 서대문, 남대문, 북대문도 쉽게 알게 해 줄 수 있습니다. 이어 사대문이라는 개념도 알게 될 것이고, 한자에 대한 감각도 자연스럽게 키워 나갈 수 있게 됩니다.

하지만 단순히 이름의 의미를 파악하는 것에서 한 발짝 더 나아가 이름의 가치까지 이해하면 더욱 좋습니다. 길가에 피어 있는 꽃을 보았다고 합시다. 그리고 그 꽃의 이름이 우리나라의 국화(國花)

인 무궁화임을 알게 된다면 자신도 모르게 뭔지 모를 뭉클한 감정이 솟구칠 수 있습니다. 이것이 이름이 가지고 있는 가치입니다. 이처럼 이름에는 의미도 있지만 그 이름만이 가지는 가치도 있습니다. 공부하다가 만나는 이름도 그냥 흘려보내지 말고 그 이름의 가치와 의미를 깊이 생각하면서 공부하는 것이 중요합니다.

이해하고 확장하라

용어의 뜻을 정확히 안다는 것은 복잡한 개념을 이해하고 여기에 새로운 개념을 추가하여 익히는 데에 초석이 되는 것입니다. 물리 시간에 배우는 가속도라는 용어는 속도보다 한 차원 높은 개념입니다. 자동차가 80km/h로 주행을 하고 있을 때의 속도는 80km/h이지만 가속도는 0km/h입니다. 자동차의 속도를 80km/h에서 90km/h로 증가시키기 위하여 액셀러레이터를 밟는 순간이 가속도가 적용되는 순간입니다. '가'는 '더할 가(加)'로서 가속도(加速度) 운동이라고 하면 물체의 속도가 점점 증가되는 운동을 뜻합니다. 가속도 운동을 할 때만 물체에 '힘'이 작용하고 이에 따른 '관성력'이 작용하기 때문에 용어의 정확한 해석이 중요합니다. 이러한 방식으로 용어의 정확한 뜻을 알게 되면 자꾸만 헷갈리는 개념들을 훨씬 쉽게 정리할 수 있습니다.

이름을 붙이면서 공부하라

공부할 때, 이름 붙이는 습관을 들이면 좋습니다. 물론 이미 유명한 '피타고라스 정리'와 같은 것에 내 마음대로 새 이름을 붙이라는 것이 아니라 아직 이름이 없는 것에 직접 이름을 붙여 보란 뜻입니다. 이를테면 오후 5시부터 8시까지 수학학원에 다닌다면 플래너에 '적극적 수학공략' 등으로 이름을 붙여 보는 것입니다. 조금 어색하다고 생각할 수도 있겠지만 습관이 되면 어휘력도 풍부해지고 표현력도 발전할 것입니다. 또 무엇보다도 머릿속에 정리하거나 암기할 때에 도움이 됩니다.

책이나 지문을 읽다가도 문단마다 적절한 이름을 붙일 수 있습니다. 이 경우에는 이것이 바로 해당 문단의 주제가 됩니다. 이런 버릇을 들이면 비단 언어영역의 사고만 발전하는 것이 아니라 뇌 전체적으로 사고증진의 효과가 생기게 됩니다. 왜냐하면, 이름을 붙이는 과정은 그 문단이나 사물이 가지고 있는 가장 핵심적인 특징을 언어로 표현하는 과정이기 때문입니다.

명칭 정리를 위한 올바른 행동강령

1. 자신을 포함한 만물의 가치를 파악하라

STEP 1 ▶ 공부의 의미를 되짚어 봐라

공부의 의미는 무엇일까요? 공부의 의미는 곧 공부를 왜 해야 하는지와 연결됩니다. 공부를 단지 좋은 성적을 얻기 위해서 하는 것인가요? 아니면 내가 목표로 한 것을 이루기 위한 수단으로 하는 것인가요? 공부를 잘하는 학생과 그렇지 않은 학생은 공부에 의미를 부여하는 과정에서부터 차이가 납니다. 이는 스스로 공부에 어떤 의미를 부여하느냐에 따라 공부를 대하는 마음가짐이 달라지기 때문입니다. 만약 공부가 잘되지 않는다면, 본인에게 공부란 어떤 의미가 있는지 다시 한 번 곰곰이 생각해 보세요. 공부의 의미를 되짚어 보는 것부터가 진짜 공부의 시작입니다.

○ ○ ○ ○ ○

STEP 2 ▶ 이름으로 과목의 본질을 파악하라

한 과목을 공부할 때도 단순히 그 과목을 공부하는 것에 그치지 말고, 그 과목의 가치, 본질을 파악해야 합니다. 일반적으로 학생들은 학년이 올라갈수록 늘어나는 과목에 닥치는 대로 과목별 공부량을 소화하기에 급급합니다. 그러나 도덕이 윤리로 과목명이 달라졌다는 것은 배워야 하는 목적과 가치뿐만이 아니라 과목별 구성은 물론 내용까지 완전히 다름을 의미합니다. 각각의 과목명을 통해 그 과목의 특성과 본질을 정확히 파악하는 것은 향후 학습에도 큰 도움을 줍니다. 예를 들어, 수학은 '수에 관한 학문'이라는 뜻입니다. 이 수학 안에는 대수와 기하란 큰 단원이 있습니다. 일단 수는 점들의 연속이고, 그것이 모여 선이 됩니다. 선이 모이면 면이 되고, 면이 모여 입체가 됩니다. 결국 수학이란 학문의 본질을 탐구하다 보면, 대수에서 기하까지 이 광범위한 내용이 왜 모두 수학이란 단원에 포함되어 있는지를 알 수 있는 것입니다. 이렇듯 의미를 탐구하다 보면 수학을 어떻게 공부해야 하는지에 대해 답을 알게 됩니다.

○ ○ ○ ○ ○

STEP 3 ▶ 자신만의 가치를 부여하라

이미 그 정의가 내려진 개념, 가치를 분명히 아는 것도 중요하지만 이름을 붙이는 것의 가장 중요한 의의는 자신이 대상에 대해 이해한 바를 토대로 자신만의 의미를 부여하는 것입니다. 선뜻 이해가 되지 않는 의미나 가치도 자신의 상황에 맞춰 이해하려고 노력하다 보면, 금방 이해가 되곤 합니다. 그리고 이렇게 이해한 것을 가장 효과적으로 기억하는 것은 바로 자신만의 가치를 덧붙이는 것이지요. 예를 들면 이런 겁니다. 확률과 통계를 배운 학생이라면 알겠지만 나누어지는 객체의 종류를 구분할 수 없으면 조합이고, 구분할 수 있으면 순열로 풀어야 합니다. 처음에는 이런 개념이 명확하지 않을 수 있는데 이런 경우에 종류순열로 제목을 붙이면 개념이 완전히 파악되기 전까지는 훌륭한 임시방편으로서 해당 개념의 관계를 이해할 수 있습니다. 나중에 개념이 완전히 파악된 후에도 자신이 의미부여를 한 부분은 궁극적으로 개념을 더 잘 이해하는 데 도움이 됩니다.

2. 용어의 뜻을 이해하고 암기하라

✔ 체크리스트

☐ 각 용어의 사전적 정의를 찾아본다.

☐ 교과서나 참고서에 소개된 용어의 해설과 정의를 통해 용어를 이해한다.

☐ 용어의 해설에 등장하는 설명 중에서도 모르는 단어나 설명은 다시 한 번 찾아본다.

☐ 자신이 이해한 것을 자신만의 용어로 정리해 본다.

☐ 자신이 이해한 대로 남에게 설명하고 상대가 충분히 이해하는지 확인한다.

☐ 각 용어에 대해 자신이 이해한 바를 정확하게 암기한다.

3. 과목별, 단원별 예습법을 익혀라 (공부의 왕도는 예습이다)

— Tips —

① 수학: 개념 이해가 중요하다.

개념 이해란 주로 단원의 앞머리에 용어의 해설과 정의 부분을 통해 해결할 수 있다. 정의를 바탕으로 공식을 유도해 보는 과정을 익히는 것이 좋다. 반드시 수업 전에 이해한 후 숙지해야 합니다. 더 나아가 보기 문제까지는 확실히 익혀 두는 것이 좋다.

수학 문제 풀이에서 예습이란 문제를 이해하고 식까지만 세우는 것입니다. 답까지 완전히 내는 예습은 시간 낭비는 물론 수업에 관심을 잃게 하여 오히려 독이 될 수도 있음에 유의하라.

② 영어, 국어: 어휘 확인과 문장 전체적 흐름을 파악하라.

주어진 문장을 스킵하듯 읽으면서 내용상 주요 문장에 연필로 줄을 쳐 보자. 큰 문장의 읽기가 끝나면 가장 핵심의 되는 문장을 확인하여 표시한다. 다시 빠른 속도로 보면서 몰랐던 어휘를 체크하고 확인하여 익혀 둔다. 문장 분석이나 문법 위주의 도해는 예습에서 필요한 요소가 아니다.

③ 과학: 용어를 이해하고 기본공식은 암기하라.

물리: 기본 공식의 이해와 암기를 바탕으로 수업에 참여하자. 반드시 기본적인 물리현상에 대한 이해를 선행한 후 공식을 암기해야 한다.

화학: 주기율표의 이해와 응용에 화학의 왕도가 있다. 용어를 이해하고 숙지하고, 주기율표를 활용하는 화학식에 대한 이해가 중요하다.

생명공학: 예습부터 주요사항을 파악한 후 간단한 정리를 시작하자. 암기의 시작이 예습이 될 수 있다.

지구과학: 기본 사항의 이해를 바탕으로 간단히 요약 정리하라. 그림(혹은 사진) 자료와 내용을 매치시킬 수 있도록 훑어 보는 것이 중요하다.

④ 사회: 큰 틀에서의 이해하고, 용어를 정확히 암기하라.

역사 과목: 단원의 흐름을 잡아야 한다. 만화로 나온 역사 책을 예습에 활용하자.

지리 과목: 지도와 도표 등을 확인하면서 큰 범위의 이해를 바탕으로 작은 범위에 적용하자.

사회과학 과목: 용어를 중시하고 예시문을 이해하려고 노력하자. 교과서 내용과 사회현상의 연계를 할 수 있다면 금상첨화다.

4장

순서와
질서의 원리

. . .

올바른 방법을

익혀라!

주목! 성경 속 이 말씀!

하나님이 이르시되 천하의 물이 한 곳으로 모이고 뭍이 드러나라 하시니 그대로 되니라 하나님이 뭍을 땅이라 부르시고 모인 물을 바다라 부르시니 하나님이 보시기에 좋았더라 하나님이 이르시되 땅은 풀과 씨 맺는 채소와 각기 종류대로 씨 가진 열매 맺는 나무를 내라 하시니 그대로 되어 땅이 풀과 각기 종류대로 씨 맺는 채소와 각기 종류대로 씨 가진 열매 맺는 나무를 내니 하나님이 보시기에 좋았더라(창 1:9-12).

1. 성경에서 찾는 순서와 질서의 원리

하나님께서는 창세기를 통해 세상을 만드는 모든 과정을 상세하게 언급하지 않으셨기 때문에 정확한 창조의 과정이나 과학적인 원리를 다 알 수는 없습니다. 하지만 성경 속 몇 가지의 과정과 원리 중 하나가, 앞에서 말한 것처럼 창조가 6일 동안 이루어졌다는 것과 각 날에 하신 일이 있었다는 것입니다.

하나님은 셋째 날에 식물을 만드시고 다섯째 날에는 동물을 만드셨습니다. 넷째 날에는 해와 달과 별들을 만드셨는데 "해가 없이 어떻게 식물이 살 수 있었느냐?"는 식의 질문에 대해서는 많은 답변이 가능하겠지만 정확한 답인지 우리는 알 수가 없습니다. 다만 유추를 해 본다면 하나님께서 셋째 날 식물을 먼저 만드시고 넷째 날 해와 별과 달을 만드셔서 해와 달을 통해서 식물들이 자라게 하셨다고 할 수 있습니다. 그리고 그 풍성하게 자라난 식물들이 있는 상태에서 동물들을 창조하시고 동물들을 번성할 수 있도록 하셨지요.

2. 성경 속 순서와 질서의 원리, 생활과 공부에 적용시키면?

창조에 대한 성경 본문을 통해서 알 수 있는 것은 하나님께서는 순서와 질서를 따라서 세상을 창조하셨다는 것입니다. 하나님은 땅을 만드시고 그 위에 식물을 만드시고, 또 해와 달을 만드셔서 식물을 자라게 하시고 그런 준비가 된 상태에서 각종 동물들을 만드셨습니다. 동물을 셋째 날에 만드시고 넷째 날에 식물을 만드셨다면 동물들은 먹고 살 것이 없었겠지요? 하나님은 순서를 따라서, 또 질서를 따라서 일하시는 분임을 성경이 말해 주고 있습니다.

이처럼 하나님이 일하시는 원리에서 우리는 또 가르침을 얻을 수 있습니다. 사람에게 순서와 질서를 따르는 것은 늘 아주 중요한 원리입니다. 장난감을 조립하거나 가구를 조립할 때도 설명서를 보고 그 순서대로 하는 것이 꼭 필요하지요. 세상의 대부분의 일들은 순서가 잘못되면 엉망이 되는 경우가 많습니다. 모든 일에 먼저 해야 할 것이 있고 나중에 해야 할 것이 있습니다. 만약 그 순서가 바뀌면 제대로 될 수 없습니다. 이는 공부에 있어서도 마찬가지입니다.

순서의 사전적 의미는 '무슨 일을 하거나 무슨 일이 이루어지는 차례, 또는 정해진 기준에서 말하는 전후, 좌우, 상하 따위의 차례'를 의미하고, 질서의 사전적 의미는 '혼란스러움 없이 순조롭게 이루어지는 사물의 순서나 차례, 혹은 그것이 지켜지고 있는 상태 자체'를 의미합니다. 풀어 설명하자면 순서를 잘 지키는 것이 질서라 할 수 있습니다. 또한 '질서'의 반대 개념은 '혼돈'이라고 할 수 있는데 공부에서 순서와 질서를 잘 지키지 않으면 혼돈의 상태에 빠지게 되고 결국 공부에서 어려움을 겪게 됩니다. 따라서 순서와 질서 속에서 공부하는 것이 중요하고, 결국에는 그것이 가장 공부의 효율을 높이는 방법입니다. 미술품 수집가인 페기 구겐하임은 "질서만이 자유를 만든다. 무질서는 예속을 만들 뿐이다"라고 했습니다. 자유로운 사고(思考)는 질서에서 얻어진다는 단순한 진리를 잊지 말길 바랍니다.

1. 생활의 원칙, 순서와 질서

공부, 순서와 질서가 있어야 한다

공부는 이해하고, 정리하고, 기억하고, 연상하고, 표현하는 일련의 과정을 통해서 완전하게 이루어진다는 것을 기억해야 합니다. 이해가 됐고, 정리만 했다고 오랫동안 기억할 순 없습니다. 기억하는 과정을 반복하여도 연상하고 표현하지 않는다면 완전히 자신의 지식이 되었다고 단정하면 안 됩니다. 이해하고 정리하며 기억하는 것은 연상하고 표현하기 위한 과정이고 연상하고 표현하는 것은 공부의 목적과도 상통하는 의미입니다. 그리고 이러한 공부의 과정에서 가장 중요한 것은 순서와 질서임을 명심합니다.

영국 옥스퍼드대학교의 연구결과에 따르면, 영어교육의 지름길은 알파벳을 모르는 학생이라도 처음에는 무조건 듣고 말하는 것이라고 합니다. 내용을 모르고 들어도 된다는 것입니다. 계속 듣기만 하다가 천천히 알파벳을 배우면 발음도 훨씬 더 좋아지게 되고 단어도 더 쉽게 외울 수 있다는 것입니다. 즉 언어는 쓰는 것보다는 말하고 듣는 것을 통하여 익히는 것이 먼저라는 것으로 해석할 수 있습니다. 언어의 가장 크고 기본적인 역할인 의사소통이라는 관점에서 본다면 어쩌면 이것이 당연한 순서일 겁니다. 이것은 모든 나라의 아이들이 처음 그 나라의 언어를 배우는 과정이기도 합니다. 이것이 언어를 배우는 질서이고 순서입니다.

이러한 질서를 실제 학생들의 공부에 적용해 본다면, 수업 내용을 이해하여 복습으로 정리한 후, 반복을 통하여 기억하고 머릿속에서 서로 유기적인 상관관계에 의해 연상이 되도록 해야 합니다.

그래야 시험이나 대화, 토론에서도 공부한 내용을 잘 표현할 수 있게 됩니다. 열심히 공부하고도 표현을 하지 못하거나 자주 하지 않아서 연상하는 습관이 들지 못한다면, 열심히 공부한 것 자체가 모두 허사가 될 수 있습니다.

2. 순서와 질서의 원리에서 지혜와 공부법을 찾는다면?

순서대로 하라

우주에 질서가 있고 사회에 질서가 있듯이 인간의 뇌에도 질서가 있습니다. 공부도 역시 질서, 순서가 중요합니다. 마구잡이식으로 공부할 수도 있겠지만 그렇게 해서는 능률을 올릴 수 없습니다.

과정 없이 중간부터 공부를 시작하거나 개념-기초-이해-응용과 같은 순서로 공부하지 않는다고 해서 반드시 성적이 오르지 않는 것은 아니겠지만, 가장 적합하다고 알려진 순서대로 학습한다면 순서 없이 공부한 경우보다 훨씬 더 효과가 높은 결과를 얻을 수 있을 것입니다.

원리부터 이해하라

모래 위에 세워진 다락집이라는 뜻의 사상누각(沙上樓閣), 기초가 튼튼하지 못하면 곧 무너지고 만다는 이 말은 공부에 적용하기에 유익한 구절입니다. 기초를 무시하고 공부하는 경우에 자칫하다가는 큰 손해를 입을 수 있습니다. 시험에서 좋은 성적을 거두지 못할 수도 있고, 장기적으로 잘못된 개념을 갖게 됨으로써 다른 단원의 학습에 영향을 줄 수 있습니다.

특히 서둘러 공부해야 한다는 급한 마음에 개념정리를 철저하게 하지 못한다면 중요한 순간에서 혼란이 생기게 됩니다. 공부를 해도 해도 시험이 어렵게 느껴지는 것은 중간 정도의 난이도 문제는 잘 풀어도 개념을 물어보는 쉬운 문제나 개념을 연계하는 심화문제에서는 틀리기가 쉽기 때문입니다.

과정을 따라 하라

원론적으로 학습(學習)은 배우고 익히는 순차적(順次的) 과정입니다. 먼저 배우고 나중에 익히는 것이 맞는 순서입니다.

공부의 순서를 생각하기 전에 먼저 공부의 과정을 이해해야 합니다. 공부의 과정은 앞서 말한 대로 이해하고, 정리하고, 기억하고, 연상하고, 표현하는 과정입니다. 이 공부의 과정을 이해하면 질서 있게 공부하는 방법을 자연히 알 수 있게 됩니다. 이를 토대로 자신에게 부족한 과정이 무엇인지 되짚어 보면, 자신이 지금 당장 해야 할 것이 무엇인지 파악할 수 있습니다. 이해가 부족한가요? 암기가 잘 안되나요? 공부는 다 되었는 데 표현이 안 되나요? 안 되는 부분부터 다시 시작하세요. 공부는 과정을 천천히 따라가야 효과적으로 할 수 있습니다.

적용해 보라

원래 학문에서의 개념이란 귀납적으로 도출되는 경우가 많기에 여러 원리의 함축적인 의미를 파악한다는 것은 쉽지 않은 일입니다. 직접 경험해야 확실히 알 수 있다는 뜻인 '백문불여일견(百聞不如 一見)'을 많이들 알겁니다. 미술에서 조소라는 것의 정의도 사전에는 '조형 미술의 한 부문, 사람 또는 기타의 형상을 흙·나무·돌·금 속 등으로 빚거나 새기는 일, 조각(彫刻)'으로 나와 있지만 이러한 개 념 정의만 아는 것보다는 실제로 미술관에서 조소 작품을 직접 접 해 보는 것이 훨씬 실질적인 공부가 되기도 합니다.

그래서 공부를 한 다음에는 실제 적용을 해 보아야 합니다. 적용 은 기본 문제나 그보다 고난도의 문제를 풀어 봄으로써 해당 단원 의 개념과 원리를 활용하는 단계입니다. 이 단계에서는 중/고난도 문제를 반복해서 풀어 보고 또 다양한 문제를 풀어 보는 것이 중요 합니다. 심화나 응용 과정으로 가기 전의 단계이며 해당 단원에서 고득점을 하기 위해서는 필수적으로 필요한 단계입니다.

마지막으로는 심화 및 응용단계입니다. 심화는 가장 어려운 난 이도의 문제를 다뤄 보는 것이고 응용은 실생활에 관련한 문제를 풀어 보거나 다른 단원, 다른 과목과 연결하여 문제를 풀어 보는 것 입니다. 이것이 궁극적으로는 학교에서 하는 공부의 최종목적 중의 하나라고 할 수 있고, 학생이 대학교에 진학하거나 사회에 나가서 도 계속 사용해야 할 실생활로의 응용이고 생각의 연결입니다.

순서와 질서 잡기를 위한 올바른 행동강령

1. 준비한 후 참여하라

STEP 1 ▶ 어려운 내용은 미리 살펴봐라

공부란 이해하는 것이다. 내용을 잘 이해하기 위한 방법은 두 가지가 있다. 하나는 수업 전 선생님의 말씀을 잘 알아듣기 위해 예습을 하는 것이다. 또 다른 하나는 수업 자체에 열심히 참여하는 것이다. 예습의 효과는 잘 알려져 있다. 단순한 예로 모르는 영어 단어를 처음 접했을 때는 생경하지만, 반복하다 보면 그 형태나 발음이 익숙해진다. 새로운 내용이라도 한 번, 두 번 접하다 보면 익숙해지는 것이다. 하물며 영어 단어 하나가 이렇다면, 어려운 개념이나 수업 내용은 더욱더 예습이 필요하다.

○ ○ ○ ○ ○

STEP 2 ▶ 배운 내용은 바로 정리하고 기억하라

공부는 정리하고 기억하는 것이기도 하다. 수업이 끝난 후에는 배운 내용을 추후 보기 쉽게 책이나 노트에 줄을 치거나 요약해 두는 것이 좋다. 수업 직후 간단한 복습은 수업 내용을 오래 상기하는 데 큰 도움이 된다. 또한 본인이 직접 정리한 것을 반복하여 여러 번 보면 보다 쉽게 암기가 가능하다. 암기, 기억에는 반복이 최선이다.

○ ○ ○ ○ ○

STEP 3 ▶ 연상과 표현으로 마무리하라

연상은 상상력을 필요로 하는 작업에서만 필요하다고 생각하기 쉽지만, 어렵고 복잡한 내용을 공부할 때도 효과적인 스킬이다. 연상 작용은 이미 알고 있는 것과 새로운 것을 연결해 효과적으로 기억하도록 도와준다. 자신이 이미 알고 있는 것을 토대로 더 많은 것을 논리적으로 추론할 수 있도록 연결하는 작업은 방대한 내용을 새로 배워 가야 할 학생들에게도 꼭 필요한 공부법이다. 연상에 이어 표현도 중요하다. 표현은 머리에 투입된 것을 '인출(引出)'하는 것으로 글쓰기나 시험이 대표적이다. 자신이 배운 것을 제대로 '표현'할 수 있는지부터에서 공부의 성패가 갈린다.

2. 잠자기 전, 15분 동안 그날의 공부 내용을 눈으로 확인하라

 **체크리스트**

☐ 오늘 배운 내용을 순서대로 떠올려 보라.

☐ 이전에도 알았던 것과 새로 배운 것을 구분해 보라.

☐ 그중에서 잊지 말고 암기해야 할 내용을 다시 한 번 찬찬히 되새겨 보라.

☐ 오늘 배운 내용 요소들 사이의 관계나 연관성을 파악하라. 장기 기억에 도움을 준다.

☐ 이전에 배운 내용과 오늘 배운 내용과의 연관성을 곰곰이 생각해 보라.

☐ 잠들기 직전, 오늘 공부한 것 중 가장 중요하다고 생각되는 것을 다시 한 번 떠올려 보라.

3. 수업 후 간단한 복습부터 하라

— Tips —

① 각 단원의 이름과 의미를 익혀라.

② 단원의 기본개념과 원리를 이해해라. 간혹 급하게 공부하는 학생들은 기본 원리를 익히기도 전에 바로 문제부터 풀어 보는 경향이 있다. 그러나 기초가 단단하지 못하면 개념이 흔들리고, 사고를 요하는 심화 문제나 응용문제 풀이에서 심한 부딪침을 겪게 된다. 또 당장 효과를 보더라도 지속적인 성적 상승을 기대하기에는 한계가 있다.

③ 기본문제 풀이를 탄탄히 하라. 개념과 원리를 파악하였다면 다음으로는 기본문제 풀이를 통하여 개념과 원리를 터득하고 이것을 더 탄탄히 다져줘야 한다. 개념을 배웠다고 그 원리를 쉽게 파악하기란 쉽지 않은 일이다. 개념확인문제를 풀어 보는 것은 개념과 원리를 더 실질적으로 이해하고 그 이후의 응용을 가능하게 해 주는 기본 절차다.

④ 중/고난도 문제를 반복해서 풀어 봐라.

⑤ 가장 어려운 난이도의 심화문제를 풀어 봐라.

5장

긍정의 원리

긍정으로

하루를 마감하라!

주목! 성경 속 이 말씀!

땅이 풀과 각기 종류대로 씨 맺는 채소와 각기 종류대로 씨 가진 열매 맺는 나무를 내니 하나님이 보시기에 좋았더라(창 1:12).

1. 성경에서 찾는 긍정의 원리

6일간의 창조 기사를 기록하고 있는 창세기 1장에 가장 많이 나오는 말씀은 다름 아닌 "좋았더라."입니다. 1장에서만 7번 등장합니다. 하나님께서는 첫째 날 빛을 창조하신 후에 보시기에 "좋았더라."고 말씀하시고, 둘째 날 땅과 바다를 만드시고 "좋았더라."고 말씀하십니다. 그 후에도 계속해서 창조하신 후에 그 창조한 것을 "보시기에 좋았다."고 말씀하십니다. 그리고 창조를 다 마치고 난 뒤에도 "하나님이 지으신 그 모든 것을 보시니 보시기에 심히 좋았더라."고 말씀하십니다. 어쩌면 하나님은 굉장히 긍정적인 분일지도 모릅니다. 보통 자신이 한 일에 대해서 100% 만족하기가 쉽지 않고, 아쉽고 부족한 부분이 남기 마련이니까요. 물론 하나님은 사람과 다르고, 하나님께서 행하시는 일들 또한 모두 완전하기에 사람들처럼 부족할 것도, 아쉬울 것도 없을 것입니다. 그래도 하나님께서 하루하루 창조하신 것들을 보시고 특별히 "좋았더라"라는 말씀을 7번이나 했다는 점 속에는 특별한 교훈이 있다고 생각됩니다.

어찌 보면 이것은 하나님의 일하시는 원리 중 하나라고 볼 수도 있습니다. 하나님은 당신이 하신 일에 대해서 만족해하시고, 항상 그것을 "좋았더라."고 말씀하십니다. 이것은 이 세상이 하나님 보시기에 좋았다고 말할 만큼 좋게 창조되었다는 의미도 있지만, 하나님께서는 일을 하신 후에 또는 자신의 한 작업에 대해서 좋게 또 긍정적으로 평가하는 모습을 보여 주시는 것이기도 합니다.

하나님께서 이미 한 일에 대해서 "좋았다."는 긍정의 말씀에서 나타나는 원리는 우리 인간들에게 아주 중요한 삶과 일, 공부를 위한 중요한 수단이 될 수 있습니다. 사람들이 자신의 한 일에 대해서 반성하고 또 더 잘하려고 노력하는 것은 분명 필요합니다. 어떤 경우에는 자신의 실수와 잘못에 대해서 깊이 생각하고, 더 잘할 수 있는 방법을 찾는 노력이 꼭 필요한 순간도 있습니다. 그러나 그보다 먼저 우리에게 필요한 것은 자신이 한 일에 대한 긍정입니다. 자신이 한 일에 대해서 또 지나온 삶에 대해서 긍정하는 것입니다. "잘했다."고 스스로 격려하고 "하루의 생활이 좋았다."고, 지나간 하루의 삶을 좋게 평가하는 것이 먼저이고 더 중요합니다.

무언가를 '좋았다'고 긍정하는 원리는 성경의 다른 곳에서도 여럿 나타납니다. 데살로니가전서 5장 16-18절에서는 "항상 기뻐하라 쉬지 말고 기도하라 범사에 감사하라 이것이 그리스도 예수 안에서 너희를 향하신 하나님의 뜻이니라."라는 구절이 나옵니다. 지난 것이나 지난 하루 또는 자신이 한 일에 대해서 긍정하고 좋았다고 말하며 감사하고 기뻐하고 또 기도하는 태도는 삶을 힘 있게 만들고 모든 일을 함에 있어서 아주 좋은 효율을 가져다 줍니다.

2. 성경 속 긍정의 원리, 생활과 공부에 적용시키면?

사람들이 일을 잘못하거나 일이 잘 안 될 때, 의외로 심리적인 문제가 원인인 경우가 아주 많습니다. 기분이 너무 좋지 않거나 또는 미래에 대한 걱정과 염려, 우울 등의 부정적인 생각에 사로잡히게 될 때 하는 일의 효율이 좋을 수 없기 때문이지요. 그렇기 때문에 자신이 한 것에 대해서 또 지나간 하루의 삶에 대해서 나름대로 좋았던 부분을 생각하고 잘했다고 스스로 격려하고 좋았다고 인정하는 긍정의 마음이 중요합니다. 더 잘할 수 있는 방법을 고민하고 더 잘하기를 다짐하는 일은 그 후에 해도 됩니다.

긍정적이라는 말의 사전적인 의미는 '무엇을 옳다고 여김 또는 그와 같은 것이 좋다고 받아들임'입니다. 영어(형용사)로는 'Affirmative'나 'Positive'를 씁니다. 그런데 여기서 'Positive'라는 말은 긍정적이라는 말이기도 하지만 플러스, 즉 양(+)의 개념으로 쓰이는 단어입니다. 이를 달리 보면, 긍정이라는 것이 우리의 삶에 '플러스(+)'가 되는 에너지를 공급하는 원천이라고도 생각해 볼 수 있지 않을까요?

우리 자신에 대해서 그리고 환경이나 가진 것에 대해서 긍정적인 마음을 가지는 것과 부정적인 태도를 가지는 것은 삶과 일, 공부에 큰 차이를 가져옵니다. 자신에 대해서 그리고 자신의 한 일이나 과거에 대해 긍정적으로 자신을 평가할 수 있는 사람은 그렇지 않은 사람에 비해 훨씬 더 나은 삶을 살 수 있다는 점을 자녀에게 항상 상기시켜 주세요. 부모 또한 자녀의 하루를 엄격하게 채찍질하기만 할 것이 아니라 긍정적으로 인정해 주는 것이 필요합니다.

1. 열매는 달 것이다

'고진감래(苦盡甘來)'라는 말이 있습니다. 말 그 대로는 쓴 것이 다하면 단 것이 온다는 뜻입니다. 고생 끝에 낙이 온다고 해석할 수도 있습니다. 공부하는 만큼 그날그날 노력의 결과가 즉시 나타나면 얼마나 좋겠습니까. 하지만 노력의 결과를 확인하기 위해서는 꽤 오랜 시간이 걸립니다. 학습의 효과가 더딘 면을 고려하더라도 최소한 수개월은 걸립니다. 특히 결과를 얻을 수 있는 기간이 길어질수록 학생들의 인내심이 부족해지게 되고 그로 인하여 지속적이고 착실한 공부가 어렵게 됩니다.

하지만 그래도 항상 '긍정'의 마음이 필요합니다. 당장 눈에 보이진 않더라도 어떠한 노력이나 행위를 했다면 항상 그에 대한 결과물은 어떠한 방식으로든지 나타나기 마련입니다. 당장의 만족을 얻으려고 텔레비전 시청에 심취하는 학생도 있겠지만, 당장 성적이 오르지 않더라도 긍정적인 마음가짐으로 착실하게 공부하여 한 달후, 몇 달후, 몇 년후의 단 열매를 먹는 방법을 터득하는 학생도 있을 겁니다. 이러한 과정을 통해서 긴 시간의 노력으로 얻은 결과물이 더 달다는 것을 알게 되면 점차 높은 수준의 가치를 달성하기 위해 노력하는 방법을 스스로 터득하게 될 것입니다.

2. 긍정의 원리에서 지혜와 공부법을 찾는다면?

자존감을 높여라(피그말리온 효과, 로젠탈 효과)

세간에 잘 알려져 있는 심리용어 중 '피그말리온 효과'와 '로젠탈 효과'라는 것이 있습니다. 그중 로젠탈 효과란 미국의 교육심리학자 인 로버트 로젠탈이 수행한 실험으로 어떤 사람에 대한 믿음, 기대 가 있다면 그것이 그 사람에게 실제로 일어나는 경향이 있다는 것 을 일컫습니다. 위의 로젠탈 효과 실험을 통하여 선생님이 무작위 로 학생을 선발하여 성적이 향상될 것이라고 말해 주었더니, 실제 로 이 말을 믿은 학생은 성적이 향상되는 결과가 나타났습니다. 선 생님의 말 한마디가 학생의 성적 향상과 연결이 된 것입니다.

그래서 교육학자들은 높은 자존감을 가지는 것이 매우 중요하다 고 말합니다. 긍정의 힘은 믿음을 기초로 한 자존감에서 비롯됩니 다. 자존감이 높지 않은 상태에서 긍정적인 생각을 한다면 공부하 지 않고 좋은 성적을 기대하는 것에 불과합니다. 낙천적인 것을 넘 어서 요즘 말로 '근자감(근거 없는 자신감)'이라고도 하죠. 하지만 자존 감이 높은 사람은 본인 스스로의 역량 계발을 위해 노력하고자 하 기 때문에 긍정적 사고가 좋은 결과로 이어지게 됩니다.

칭찬하라, 칭찬은 고래도 춤추게 한다

칭찬은 고래도 춤추게 한다는 이야기, 한번쯤은 들어 보셨을 겁 니다. 2000년도 초반 켄 블렌차드라는 작가가 쓴 책의 제목이기 도 한 이 말은 한국에서도 상당히 반향을 불러일으켰습니다. 이 책 에 등장하는 용어 중 '고래반응'이라는 것이 있습니다. 잘되고 있는 일에 관심을 가지고 긍정적인 반응을 해 주고 그 과정을 칭찬하라 는 것입니다. 또 '뒤통수치기 반응'이라는 말도 나옵니다. 잘못된 일 이 발생하였을 경우에는 즉각적으로 꾸짖는 것을 말하지요. 이 책은 뒤통수치기 반응에 쏟을 에너지를 고래반응으로 전환시키라고 말합니다. 사람은 누군가가 어떤 행동에 관심을 가지면 가질수록 그 행동에 더욱 몰두하고 노력하게 됩니다. 반대로 무시를 받게 되면, 관련 행동에 대한 의욕이 사그라지는 특성을 보입니다. 특히 성장하는 학생들에게 칭찬은 과거의 노력에 대한 보상의 의미가 있을 뿐만 아니라 미래의 꿈을 성취해 나가는 데 있어서도 중요한 역할을 합니다.

재미있는 사실은 '칭찬은 받는 사람뿐만이 아니라 칭찬을 해 주는 사람에게도 순작용을 한다'는 것입니다. 조상들의 지혜를 담은 탈무드에는 '사람을 '칭찬할 수 있는 사람이야말로 참으로 명예로운 사람'이라는 말이 있다. 칭찬을 할 수 있으려면 칭찬을 하는 사람도 높은 자존감이 필요합니다. 부모 역시 가족과 서로 주고받는 칭찬을 통해 부모로서 더욱 성장할 수 있게 됩니다.

3. '긍정'의 원천, 자존감을 기르는 방법은?

긍정적인 생각은 높은 자존감에서 비롯된다고 말했습니다. 그러면 자존감을 기르기 위해서는 어떻게 해야 할까요? 지금부터 구체적인 방법을 소개합니다.

부모가 먼저 모범을 보이자

긍정적인 가치관은 하루아침에 생겨나지 않습니다. 부모가 긍정적인 삶의 자세를 몸소 보여 준다면 자녀 역시 그러한 부모의 가치관을 직접 보고 배우게 됩니다. 어떠한 일이 벌어졌을 때, 긍정적으로 설명해 주고 긍정적인 시각을 갖게 해 주는 것을 훈련시킨다면 자녀의 생각과 미래 역시 긍정적으로 변화시킬 수 있을 겁니다. 가령, 운전을 하다가 다른 차량이 끼어들기를 하였을 때 언성을 높이는 대신 '저분이 급한 일이 있는 모양이네' 정도로 너그럽게 반응을 하거나 '참 모진 사람이네' 정도로 순화하여 말한다면 자녀들도 자연스럽게 긍정적인 자세를 보고 배우게 될 것입니다.

자녀의 마음속에서 일어나는 부정적인 목소리를 없애라

많은 전문가들은 긍정적인 가치관은 곧 자존감과 동일한 것이라고 말합니다. 대부분의 경우 자기 자신에게 부정적인 인식을 갖게 됨으로써 자존감이 낮아지고 점점 더 부정적이 사람이 되고 맙니다. '나는 해 낼 수 없을 거야', '다른 사람이 나를 좋아하지 않을 거야' 등 벌어지지 않은 일에 대한 걱정으로 스스로의 에너지를 낭비하고 스트레스까지 받는 경우가 대부분입니다. 하지만 이와 반대로 '내가 행복할 수 있는 삶을 살자', '남의 시선에서 벗어나자', '나는 소중한 사람이다' 등 내면의 부정적인 목소리를 잠재우는 자신과의 대화법을 터득해 나간다면 어느 순간 고민과 스트레스로부터 쉽게 벗어날 수 있게 됩니다.

자녀가 자랑할 만한 장점의 목록을 만들어 보자

가족이 모여 자녀와 함께 자녀의 장점을 적어 보고 장점이 많은 사람임을 인식시켜 줄 필요가 있습니다. 이렇게 하면 스스로에 대한 평가가 높아져서 자존감을 회복하게 되고 매사에 긍정적인 사람으로 변할 수 있습니다. 요즘에는 획일적인 가치가 많이 없어졌기 때문에 개개인의 다양한 특징들이 장점이 될 수 있습니다. '참견을 잘한다' '성격이 급하다', '말이 많다' 등은 억지스럽더라도 '주관이 뚜렷하다' '적극적이다', '성격이 발랄하다' 등으로 표현하여 긍정적으로 유도하는 것이 좋습니다.

자녀와 함께 스트레칭과 묵상(명상)을 해 보자

자녀들이 답답해하는 경우 함께 스트레칭이나 묵상을 해 보면 부정적인 생각으로부터 벗어나기가 쉽습니다. 고뇌에서 잠시 벗어나 몸을 움직이거나 숨을 고르는 것에 집중하는 것만으로도 마음이 금세 편안해집니다. 또한 스트레칭이나 묵상에 익숙해지면 뇌에서 기억력과 집중력을 높일 수 있는 알파파의 방출을 유도할 수 있습니다. 집 안에서 먼 밖을 내다 볼 수 있는 생각의 의자나 공간을 만들어 활용해 보는 것도 좋은 방법입니다.

많이 웃을 수 있는 분위기를 만들어라

억지로라도 미소를 지으면 기분이 좋아지는 호르몬이 분비된다는 연구 결과가 있습니다. 미소나 웃음은 스트레스를 완화하는 데 효과가 있습니다. 과학적으로도 미소를 짓는 것이 얼굴을 찌푸리는 것보다 적은 근육을 사용하기 때문에 더 가벼운 기분을 느낄 수 있게 된다고 합니다. 게다가 웃음은 주변 사람에게도 긍정적인 분위기를 확산시킬 수 있기 때문에 긍정의 시너지 효과까지 얻을 수 있습니다.

긍정적인 마음가짐을 위한 올바른 행동강령

1. 자신과 다른 사람을 칭찬하라

STEP 1 ▶ 즉시 칭찬하라

칭찬할 때는 즉각적인 반응이 효과적이다. 잘한 일은 머뭇거릴 필요 없이 즉시 인정을 받을 수 있는 일임을 알게 해 주는 것이 중요하다. 어차피 할 칭찬이라면 주저할 이유가 없지 않은가? '칭찬은 가능한 빠르게, 핀잔은 가능한 천천히 하라!"

○ ○ ○ ○ ○

STEP 2 ▶ 구체적으로 칭찬하라

어떠한 일을 어떻게 잘 했는지에 대해서 구체적으로 칭찬해 주는 것이 훨씬 더 효과적이라는 말이다. 이런저런 노력을 들여서 나온 결과를 한데 뭉뚱그려서 칭찬해 주는 것이 아니라 이런 노력은 왜 잘한 것이고 저런 노력도 좋았지만 다음에는 다른 방향으로 해 보면 결과를 더 개선할 수 있을 것 같다 등으로 구체적인 칭찬을 해 주어야 무엇을 어떻게 잘했는지를 정확히 알게 되고, 만족감이 더욱 커지게 된다.

○ ○ ○ ○ ○

STEP 3 ▶ 긍정적 감정을 공유하라

칭찬을 해 주었으면 서로가 느끼는 긍정적인 감정을 공유해 보자. 칭찬의 중요성을 강조하는 이유는 결국 긍정적인 에너지를 계속 유지하고 키워 나가서 성공적인 삶을 사는 방법을 알려 주자는 것이다. 그러니 단순하게 칭찬으로만 끝낼 것이 아니라 칭찬 후 느낀 감정을 적극 공유하면서 이를 더욱 길게, 더욱 많이 느끼도록 독려해야 비로소 칭찬의 참된 효과가 나타나는 것이다. 칭찬과 격려는 긍정적인 에너지의 연장선상에 있는 것임을 명심하자.

2. 부정적인 목소리를 없애라

 체크리스트

☐ 일이나 사건, 행동 등 무엇에서든 긍정적 요소를 하나씩은 꼭 찾아내라.

☐ 감사할 만한 일들의 목록을 만들어 보라.

☐ 불평과 불만을 자주 토로하는 사람과는 멀리 지내라. 긍정이 전염되듯이 불평과 불만의 부정적 기운도 전염된다.

☐ 결과보다는 과정을 중시하라. 부정적인 결과를 긍정적으로 전환하려고 노력하는 것은 모두 과정과 관련된 일이다.

☐ 콧노래나 휘파람, 노래를 부르게 하라. 음악의 치유 효과는 경이로울 정도로 스트레스를 줄여 주고 감정의 변화를 가져다준다. 찬송가는 단지 음악이 아니다. 치유와 인도의 효과가 있다.

3. 자신의 장점 목록을 만들라

─ Tips ─

① 자신을 객관적으로 평가하라. 긍정적인 사고를 하려면 우선 자신의 가치를 객관적으로 평가할 수 있어야 한다. 나만의 장점을 객관적으로 바라보며 나의 가치를 높이 평가할 수 있어야 한다.

② 어떤 사실의 양면을 항상 함께 보라. 부정적으로 생각되는 것도 달리 보면 긍적으로 여겨지는 부분이 분명히 있다. 사춘기 시기의 많은 학생들이 자신이 가진 특성 하나하나를 부정적으로 여기는 경우가 많은데, 단점도 얼마든지 장점이 될 수 있다는 것을 알려 주어야 한다.

③ 기대되는 장점, 변화도 함께 기록하라. 당장 자신이 갖고 있지 않은 장점이라고 해도 자신이 노력해서 혹은 변화해서 달성할 목표라면 자신의 장점으로 써 보게 하는 것이다. 그러면 자연히 그 장점에 점점 다가서려고 노력하게 된다.

6장

분류의 원리

종류대로

나누라!

주목! 성경 속 이 말씀!

하나님이 큰 바다 짐승들과 물에서 번성하여 움직이는 모든 생물을 그 종류대로, 날개 있는 모든 새를 그 종류대로 창조하시니 하나님이 보시기에 좋았더라 (창1:21).

하나님이 이르시되 땅은 생물을 그 종류대로 내되 가축과 기는 것과 땅의 짐승을 종류대로 내라 하시니 그대로 되니라 하나님이 땅의 짐승을 그 종류대로, 가축을 그 종류대로, 땅에 기는 모든 것을 그 종류대로 만드시니 하나님이 보시기에 좋았더라(창1:24-25).

1. 성경에서 찾는 분류의 원리

하나님이 행하신 6일간의 창조는 크게 두 가지로 나누어 볼 수 있습니다. 첫째 둘째 셋째 날은 '나눔'이고, 나머지 넷째 다섯째 여섯째 날은 '채움'입니다. 앞의 3일은 빛과 어둠을 나누시고 하늘과 땅을 나누시고 또 물과 뭍을 나누셨습니다. 나머지 3일은 그곳에 해와 달과 동식물을 채워 넣으셨습니다. 그런데 이 채움에 아주 중요한 원리가 숨어 있습니다. 그것은 '종류대로'라는 것입니다.

창조를 설명할 때 많이 나오는 단어 중에 하나는 '종류대로'라는 말입니다. 하나님께서는 혼돈된 것들을 정리하신 후에 식물과 동물을 각각 종류대로 창조하셨습니다. 씨 맺는 채소와 열매 맺는 나무를 구분하고 또 각기 종류대로 창조하십니다. 동물도 가축, 기는 것, 땅의 짐승, 날개 있는 새들을 구분해서 창조하셨습니다. 이것은 진화가 아니라 창조로 이 세상의 모든 식물과 동물이 생겨났다는 것을 증명하는 것이기도 합니다.

2. 성경 속 분류의 원리, 생활과 공부에 적용시키면?

　이런 하나님이 보여 주시는 창조의 모습은 우리가 일하고 공부할 때 종류를 나누고 각기 종류대로 구별해서 일해야 한다는 원리를 생각하게 합니다. 공부를 잘하기 위해서는 분별력을 가져야 합니다. 가장 먼저 요구되는 분별력은 옳고 그름을 판단할 수 있는 능력입니다. 옳고 그름을 판단하는 능력은 서로 다른 것을 구별하는 능력보다 더 높은 단계의 분별력입니다. 공부하는 데에 있어 어떤 공부가 더 중요한지에 대한 판단을 할 수 없다면 큰 낭패입니다. 우선적으로 해야 할 공부와 그렇지 않은 공부를 구별해 낼 수 없기 때문입니다.

　우선 옳고 그름을 판단하는 분별력을 갖춘 후에는 서로 다른 것을 구별할 줄 아는 분별력도 갖춰 나가야 합니다. 공부하는 과목들에 대한 구별인데, 공부해야 할 내용의 특성을 구별해서 과목별, 단원별 특성에 맞게 공부하는 것이 중요합니다. 또한 공부해야 할 내용 뿐 아니라 주변 환경도 잘 분류하여 정리하는 것도 중요합니다.

1. 자신의 방식으로 정리하라

피타고라스는 '깨어나자마자 정리하라. 행동은 그날 바로 해야 한다'는 말을 남겼습니다. 공부를 하는 학생들에게는 분야별로 정리하는 능력이 필요합니다. 분야별로 정리한다는 것은 머릿속으로 정리하는 것만을 의미하지 않습니다. 자신의 주변을 정리하는 것도 포함됩니다. 물론 모든 학생이 반드시 자기 주변을 객관적으로 깨끗하게 정리해야 하는 것은 아닙니다. 간혹 무질서해 보이는 것에서 질서를 찾는 사람도 있기 때문입니다. 사람의 개성이 다르기 때문에 특정한 정리를 강요하진 않겠습니다. 무질서함 속에서도 자신의 머릿속에는 모든 물건이 정리되어 있어서 잘 찾아서 사용할 수 있다면 그것도 정리의 예 중 하나가 될 수 있습니다. 어쨌든 자신만의 방식으로 정리를 끝내고 나면, 이내 마음이 차분해지고 보다 효과적으로 공부할 수 있다는 것을 알게 될 겁니다.

정리가 끝났다면 차분한 마음으로 공부를 시작해 보세요. 공부함에 있어서도 분야별로 '정리'하는 것의 중요성은 여전히 유효합니다. 분야별로 정리한다는 것은 과목별 또는 단원별로 공부하는 것을 말합니다. 각자 특성이 다른 국어나 영어, 수학, 과학 등의 과목을 다 같은 방법으로 공부하게 된다면 약한 과목이 생길 수 있습니다. 각 과목은 의식적으로 접근하는 방법을 달리해야 합니다. 각 과목별 공부 방법도 있지만, 학생의 실력별로도 공부 방법을 달리해야 합니다. 흔히 '공부에는 왕도가 없다'고 하지만 각 과목별과 능력별, 투자할 수 있는 시간별로 방법을 달리한다면 효과적인 학습이 이루어질 수 있습니다.

2. 분류의 원리에서 지혜와 공부법을 찾는다면?

　　　　　　　　무엇인가를 하기에 앞서 목표를 설정하거나 방향을 결정하는 데에 있어 더욱 중요하게 작용하는 것은 바로 옳고 그름을 구별할 줄 아는 분별력입니다. 이 분별력은 효율적인 생활을 위한 꼭 필요한 능력입니다.

　어떻게 인생을 살아가는 것이 올바른 방향인지를 스스로 판단하기에는 어려운 면이 있습니다. 더군다나, 공부에 대한 구별과 분류를 학생 스스로 하기란 더욱이 그렇습니다. 그렇다면 자신의 의사를 올바르게 결정할 수 있는 분별력을 갖추는 데 있어서 필수적인 요소는 무엇일까요? 그것은 말할 것도 없이 '바른 인성교육'이라 할 수 있습니다.

바른 인성을 갖추려면?

　한국 학교에서는 이런 가치가 맞다, 저런 가치가 맞다는 식으로 가치관 교육마저 주입식으로 하는 경우가 있습니다. 이러한 잣대 속에서는 올바른 분별력을 기르기 어렵습니다.

　미국의 경우 내가 중요한 만큼 남도 중요하다는 것을 인식시켜 주는 교육을 합니다. 여러 인종이 모여서 살기 때문에 서로의 다양성을 인정하는 것이죠. 음식을 중요하게 생각하는 학생이 있고 패션을 더 중요하게 생각하는 학생도 있듯이, 다양성에 대해 서로의 가치를 인정해 줍니다. 이 과정은 자율적인 토론을 통해서 자연스럽게 자신의 생각이 남들과 유사한지 얼마나 배치되는지를 스스로 느끼도록 합니다. 이렇게 적정선을 스스로 조절해 나가면서 자신만

의 가치관을 확립해가는 것이죠. 이러한 과정을 통해 가치관이 곧
바로 서게 되면, 옳고 그름을 구별하는 능력도 자연스레 길러지게
됩니다.

올바른 인성을 위한 교육이 학교에서 실시하는 것도 중요하다
하겠으나. 가정에서 하는 인성교육이 매우 큰 비중을 차지해야 합
니다. 옳고 그른 것, 해야 할 것과 하지 말아야 할 것을 분별할 수
있는 인성교육은 간접적 접촉을 위주로 하는 이익사회 성격의 2차
집단보다는 직접적인 접촉을 위주로 하는 공동사회 성격의 1차 집
단에서 하는 것이 더욱 좋습니다. 또한, 할 수만 있다면 인성교육을
유소년기에만 한정하지 말고 성인이 되어도 하는 것이 좋습니다.
그러려면 부모가 아이들의 모범이 되어야 함도 잊지 맙시다.

바람직한 분류를 위한 올바른 행동강령

1. 분별력을 갖고 공부의 성격이나 내용을 구분하라

STEP 1 ▶ 당장 해야 할 공부를 구별해라

학년이 올라갈수록 공부량은 급격하게 늘어난다. 시간은 한정되어 있는데 해야
할 공부가 한두 가지가 아닐 것이다. 이럴 때 몇몇 학생은 특별한 계획 없이 '무
작정 부딪혀 보자.'란 생각으로 공부에 뛰어든다. 그러나 효과적인 공부를 하기
위한 첫 번째 작업은 '분류'다. 한정적인 시간으로 최적의 효과를 내기 위해서
는 자신에게 당장 필요한 공부와 조금 더 급한 공부를 구별해 낼 수 있어야 한
다. 가장 먼저 자신이 처한 위치, 상황을 객관적으로 판단해 보자. 그리고 이를
토대로 공부할 것에 대한 우선순위를 정해 보자. 급한 것, 중요한 것, 할 수 있는
것부터 하라!

○ ○ ○ ○ ○

STEP 2 ▶ 공부의 성격을 구분하라

공부도 다 같은 공부가 아니다. 과목이나 단원의 특성에 따라 공부의 방법도 달
라진다. 공부를 질하는 학생들은 내신 시험에 내비한 공부 시간표부터 일반 학
생들과 다르다. 과목별로 가장 효과적인 공부법이 무엇인지 알고 있기 때문에
그에 맞춰 공부 계획을 조정하는 것이다. 예컨대 국어는 이해와 적용이 중요하
다. 일단 시험에 나올 기본사항을 잘 이해하고 있으면서, 지문을 많이 읽고 문
제를 많이 풀어 이해한 것을 적용할 수 있어야 한다. 영어는 특히 암기가 중요
하다. 그래서 평소 꾸준히 조금씩 학습량을 쌓아 가는 공부법이 필요하다. 수학

은 공부의 순서가 중요하기 때문에 시험 대비를 할 때도 바로 문제풀이를 하기보다 개념 정리하는 시간을 충분히 가져야 한다.

○ ○ ○ ○ ○

STEP 3 ▶ 분류에 맞춰 시간을 배분하라

공부의 성격과 내용을 구분했다면, 각각의 성격에 맞는 적절한 시간 배분을 해야 한다. 물론 처음부터 어떤 공부에 얼마만큼의 시간이 필요할 것인지 알긴 어렵다. 여러 번 시험을 거치면서 시행착오도 겪고 공부의 경험이 쌓이면서 자연스레 알게 되는 것이다. 당장 적절한 시간 배분이 어렵다면, 주변에서 공부 잘하는 친구의 계획을 벤치마킹해 보거나 과목 선생님들에게 조언을 구해 보는 것이 유익하다.

2. 과목에 따라 구별되는 공부법을 사용하라

 체크리스트

국어

☐ 책을 많이 읽자. 어려서부터 책을 많이 읽은 학생은 책을 읽는 속도에서도, 책의 내용을 파악하는 데 있어서도 두각을 나타낸다.

☐ 교과서를 많이 읽자. 다른 책이나 문제집보다는 우선 교과서를 꼼꼼하게 읽고 수업시간에 배운 내용을 완전히 이해하는 것에 집중하는 것이 바람직하다.

☐ 수업시간에 필기를 잘 하자. 다른 노트를 만들어서 적는 것보다 할 수만 있

다면 교과서 안에 모든 내용을 다 적어놓는 것이 더욱 효과적이다.

☐ 오답노트를 만들자. 문제 고침을 통해 뇌도 오작동도 고쳐라.

영어

☐ 성적이 낮을수록 교과서를 통째로 외우라. 적어도 내신 시험에서는 고득점 이 어렵지 않다는 것을 알게 될 것이다.

☐ 문장을 많이 외우자. 교과서를 외우기 힘들다면 문장이라도 많이 외우는 것 이 좋다. 문법을 설명하기 위하여 예시로 나와 있는 문장을 외우면 영어 실 력 향상에도 도움이 된다.

☐ 틈틈이 단어를 많이 외우자. 영어 단어를 공부할 때 한 번에 2시간씩 외우 는 것보다 틈새에 자주 외우는 것이 좋다. 등하굣길, 지하철 안, 식사 전, 화 장실 등 틈틈이 생기는 자투리 시간을 이용하는 것이 훨씬 높은 효율과 결 과을 얻을 수 있다.

☐ 오감을 사용하여 자주 공부하라. 영어도 언어다. 언어는 자주 사용하지 않 으면 잊히기 마련이다. 매일 읽고 말하고 듣는 것이 언어라는 문화적 산물 을 체득하는 데 가장 효과적이다.

수학

☐ 순시대로 공부하자. 민저 개념을 읽고 싱긱해 본 다음에 기본문제나 개념파 악 문제를 푸는 순서로 공부하는 것이 바람직하다.

☐ 많은 문제를 풀자. 수학은 응용하는 방법도 다양하고 다른 단원과 관련한 문제도 많이 만들어 낼 수 있기에 많은 문제를 푸는 적응력을 키워라.

☐ 같은 문제도 여러 번 풀자. 문제의 종류를 A에서 D 정도로 나누어 놓고 A 는 틀린 문제, B는 거의 맞추었으나 다시 풀어 봐야 하는 문제, C는 맞았으

나 다시 풀어 보는 것이 좋을 것 같은 문제, D는 다시 풀지 않아도 되는 문제 등으로 나누어 풀다 보면 시험을 보기 직전에 공부해야 할 내용이 자동적으로 정리되며 다시 풀 때도 기억에 잘 남게 된다.

3. 주변 환경을 분류하고 정리해서 집중력을 높여라

— Tips —

① 먼저 비우는 것이 중요하다. 필요 없는 물건은 과감하게 처분할 수 있어야 한다. 정리하다 보면 일 년에 한 번도 만지지 않는 물건이 있다는 사실도 알게 될 수 있다. 물질적인 것에 집착하지 말고 정돈된 주변 환경을 만드는 데에 노력하자.

② 정리하는 기준을 세우자. 정리는 깔끔하게만 하는 것이 중요한 것이 아니라 기준을 세워서 체계적인 정리를 하는 것이 더 중요하다. 구역별로 정리를 하거나 종류별로 분류해야 하는데, 종류별로 정리를 하는 것이 조금 더 효율적이다.

③ 특정한 물건들을 따로 쌓아 놓는 공간을 만들지 말라. 잡다한 물건을 따로 모아 놓거나 늘어놓으면 시간이 갈수록 계속 더해지게 된다. 그렇게 되면 정리가 되기는커녕 다시 정리해야 할 일만 늘어나게 되는 것이다. 잡다한 물건들도 자리를 따로 정해서 정리를 하든지 사용하지 않는 물건이라면 과감하게 버리도록 하자.

④ 혼자서 정리하라. 정리의 목적은 정돈이 된 결과를 얻기 위한 것만은 아니다. 정리하는 도중에 물건들의 위치를 기억하게 되고 그것이 우리의 뇌를 훈

련시켜 정리하는 능력을 키워 준다. 부모님에게 정리를 맡기지 말고 자신의 책상과 방 정도는 학생 스스로 정리를 하는 것이 성취감을 통해 정신을 맑게 하는 데도 도움이 된다.

7장

경작의 원리

· · ·

주어진 것부터

가꾸고 지켜라!

주목! 성경 속 이 말씀!

하나님이 그들에게 복을 주시며 하나님이 그들에게 이르시되 생육하고 번성하여 땅에 충만하라, 땅을 정복하라, 바다의 물고기와 하늘의 새와 땅에 움직이는 모든 생물을 다스리라 하시니라(창 1:28).

여호와 하나님이 그 사람을 이끌어 에덴 동산에 두어 그것을 경작하며 지키게 하시고(창 2:15).

1. 성경에서 찾는 경작의 원리

어떤 사람은 하나님께서 이 세상을 창조는 하셨지만 그 후에 아무런 간섭도 하지 않았다고 생각합니다. 이것은 아주 잘못된 생각입니다. 하나님께서는 이 시간에도 이 세상을 지켜보고 계시며 주관하십니다. 이것은 기독교 교리 가운데서도 아주 중요한 의미를 가지고 있는 교리이자 신앙이라고 할 수 있습니다.

성경에서 보듯 하나님께서는 세상을 창조하신 후 이 세상을 아무렇게나 흘러가도록 방치하지 않으셨습니다. 하나님께서는 자신이 창조하신 것들을 잘 다스리고, 또 그것들이 잘 유지·발전될 수 있도록 하셨습니다. 특히 하나님께서는 세상의 모든 것을 창조하신 후에 마지막으로 사람을 창조하셨습니다. 그리고 그냥 내버려두지 않으시고 에덴동산을 만들어서 사람이 살아갈 수 있는 좋은 환경을 만들어 주시고 필요한 것들을 마련해 주셨습니다.

만약 하나님께서 세상을 창조하고 그 후에 세상이 잘 유지될 수 있도록 돌보지 않았다면, 이 세상은 창조 이전의 혼돈과 흑암 속으로 되돌아갔을지 모릅니다. 최소한 하나님 보시기에 아름답게 창조된 것이 그대로 존재할 수 없을 것이고, 지금과는 전혀 다른, 공허한 세상이 되었을 것입니다. 여기서 우리는 하나님께서 일하시는 중요한 원리 하나를 더 발견하게 됩니다. 하나님은 창조하신 것이 잘 유지될 수 있는 장치를 마련해 두시는 분이시지요.

2. 성경 속 경작의 원리, 생활과 공부에 적용시키면?

하나님께서 창조한 것이 잘 유지될 수 있도록 만들어 둔 장치 중 하나는 사람입니다. 하나님은 사람에게 모든 생물을 다스릴 것을 명령하셨습니다. 이 세상을 주관하고 다스리는 것은 하나님이시지만, 하나님께서 사람에게 세상을 다스리라는 임무를 주시며 에덴을 잘 경작하고 지키라 하셨습니다.

무엇이든 만들어진 이후에 가꾸고 경작하는 노력이 더해져야 그것이 더 잘 유지하고 발전될 수 있습니다. 우리 인간들은 이 세상의 모든 동식물과 함께 하나님께서 창조하신 아름다움을 유지하고 잘 살아갈 수 있도록 해야 할 책임이 있습니다.

이미 만들어진 세상에 대해서 뿐만이 아니라 사람이 하는 일에도 가꾸고 돌보는 '경작'이 필요합니다. 공부에도 이런 원리가 그대로 적용됩니다. 열심히 공부해서 만들고 쌓아 놓은 실력을 계속해서 돌보고 경작하고 지키지 않으면 그 공부한 것들은 다시 어둠과 혼돈 속으로 돌아가고, 결국 공허하게 아무것도 남아 있지 않게 될 수 있습니다. 하나님께서 세상 만물을 창조하신 이후에도 끊임없이 세상을 돌보시고 계신 것처럼, 사람 역시 자신의 실력을 끌어올리기 위해 계속해서 노력해야 하는 것입니다.

1. 경작의 정의와 인내심

지혜와 공부는 경작하는 것이다

경작은 '땅을 갈아 농사를 지음'이라는 뜻을 가지고 있습니다. 또 '경작은 작물 생육에 적합한 토양 상태 조성, 잡초 방지, 침투성이나 통기성의 유지 등을 위해 토양을 기계적으로 조작하는 것이라'는 뜻도 가지고 있습니다. 경작(耕作)의 한자 의미는 [밭 갈 경(耕) /지을 작(作)]입니다. 단순하게는 밭을 간다는 의미입니다.

하지만 단순히 '밭을 가는' 이 단순한 일을 통해서 대단한 일이 생겨났습니다. 영어에서 경작을 'cultivation' 또는 'cultivate'라고 하는데, 영어를 비롯한 서양권에서 사용하는 '문화(culture)'라는 말은 경작이나 재배 등을 뜻하는 라틴어(colore)에서 유래했습니다. 결국 경작(cultivation)에서 문화(culture)가 나온 것이라 할 수 있지요. 결국 문화를 만드는 대단하고 중요한 일이라는 것을 알 수 있습니다.

삶과 공부에서 경작이 중요한 역할을 합니다. 새로운 것을 배우는 것도 중요하지만 배운 것을 잃어버리지 않고 잘 지키고 잘 자라도록 경작하는 것이 중요합니다. 그래야 또 다른 무언가를 이뤄 낼 수 있기 때문입니다.

2. 경작의 원리에서 지혜와 공부법을 찾는다면?

반복학습(복습)을 하라

학습에서 가장 중요한 것 중 하나가 반복입니다. 학교 공부뿐만 아니라 세상의 모든 배움은 바로 반복하는 것에서부터 새로 시작된다고 보아야 합니다. 반복해야만 익숙해지고, 새로운 것을 비로소 자신의 것으로 만들 수 있습니다. 반복을 통해 단순한 지식이 사용할 수 있는 기술이 되고, 좋은 결과물을 낼 수 있는 능력이 됩니다. 내가 가지고 있는 것을 거듭 활용하는 것이 반복 학습이고, 그것을 통해서 성취를 이룰 수 있게 되는 것입니다. 반복을 통해서 익숙해지고 자신의 것이 된 지식은 새로운 것을 창조해 낼 수 있는 밑바탕이 됩니다.

학습에서 반복은 결국 복습을 말하는 것이라 할 수 있습니다. 서울대생이 방학 때 공부한 패턴을 조사한 한 연구결과에 따르면, 서울대생은 방학 때 오히려 복습을 많이 하는 것으로 나타났습니다. 이는 높은 수준의 사고력과 응용력을 위해서는 매우 깊은 수준의 '개념 이해'가 꼭 필요하기 때문입니다. 강의를 듣거나 책을 읽을 때는 100% 이해를 한 것 같지만 사실상 제대로 이해하지 못한 경우가 많습니다. 그런데 이렇게 받아들인 지식이 완전히 소화되지 않은 상태에서 새로운 지식을 계속 집어넣게 되면, 과부하에 걸리게 됩니다. 정신건강에도 좋지 않은 것이지요. 새로운 것을 배우기 전에는 반드시 이미 배운 것을 반복 학습해 내 것으로 만드는 과정이 필요합니다.

복습이 꼭 지루한 작업만은 아닙니다. 어떤 지식이 확실하게 자신의 것으로 자리 잡게 되면 성취감을 느껴 의욕이 올라가고, 자신이 공부한 것을 적용하고 싶은 마음이 생겨 호기심과 지적욕구가 확장됩니다. 새로운 것을 배울 때도 더욱 가속도가 붙게 되는 것입니다. 무언가에 대해 앞으로를 위한 공부를 준비하고 싶다면, 미리 폭넓은 독서를 통해 앞으로 배울 내용을 잘 흡수할 수 있는 바탕을 닦아 놓는 것이 좋은 방법입니다.

암기하라

공부에서 자신이 배운 것을 반복 학습하는 것은 암기와 연관이 있습니다. 반복학습이나 복습이 꼭 암기를 말하는 것은 아니지만, 일반적으로 학습에서는 암기를 꼭 필요로 하는 부분이 있습니다.

암기해야만 하는 부분이 잘 암기되어 있다면 추후 학습에서도 아주 유용하게 사용됩니다. 알아야 활용도 할 수 있습니다. 현대와 같이 인터넷이 발전하고 컴퓨터 활용이 많아진 세상에서는 암기의 필요성이 많이 없어졌다고 하지만 특히 공부에서는 암기의 중요성은 여전합니다. 암기를 통해서 정확한 지식이 머리에 들어 있는 사람과 그렇지 못한 사람의 능력과 성적은 여전히 크게 차이가 나게 마련입니다.

암기하는 과정은 단기 기억을 장기 기억으로 유지, 변환시키는 과정입니다. 단기 기억이 장기 기억으로 가기 위해서 유지기와 변환기 두 단계를 거치는 데, 장기 기억으로 가기 위해서는 단기 기억으로 입력된 정보의 양을 일정 정도 유지해야 하고, 덧붙여 질적으로도 고도화되어야 합니다. 이러한 역할을 해 주는 것이 바로 반복과 조직화입니다.

3. 효과적인 복습 방법은?

입력한 정보를 내 것으로 만드는 것, 즉 정보의 유지와 관련해서 가장 큰 영향을 끼치는 것이 복습이라고 했습니다. 이 복습은 반복과 암호화 두 가지 형태로 이루어집니다.

반복의 전략을 연구한 독일 심리학자인 에빙하우스의 망각곡선 이론에 의하면, 사람은 망각이 진행되기 전에 적절한 시간대에 반복 학습을 하면 기억이 연장된다고 합니다. 에빙하우스는 자신의 망각곡선을 활용해 10분, 하루, 일주일, 한 달 등 주기적인 4회 복습법을 주장했습니다. 이렇게 주기적으로 복습할 경우 정보는 6개월 이상 망각이 일어나지 않는 장기 기억으로 저장됩니다.

또 다른 암기의 이론으로 밀러가 제시한 "매직넘버 7" 이론이 있습니다. "7±2 원칙"을 흔히 지칭하는 용어로서, 인간의 두뇌가 동시에 수용할 수 있는 정보의 수가 5–9개에 국한된다는 것입니다. 쉽게 풀자면 사람이 짧은 시간동안 한 번에 기억할 수 있는 정보의 양이 7개 정도이기에 암기할 때는 7개를 적정수준으로 정하는 것이 좋다는 것입니다. 주민등록 번호나 전화번호의 숫자 갯수를 생각하면 이해가 될 것입니다. 이를 학습에 적용한다면 정보를 장기적으로 기억하는 데 많은 도움이 될 것입니다.

반복에 입력된 정보를 장기 기억으로 넘기기 위해서 주로 사용하는 또 다른 방법으로는 암호화가 있습니다. 암호화란 정보에다 자신만의 암호를 거는 방법입니다. 예를 들어, 구리와 아연이 결합되면 황동이 되고, 구리와 주석이 결합되면 청동이 된다는 점을 학습한다고 해 봅시다. 이 내용을 반복적으로 외우기만 한다면 쉽게 헷갈릴 겁니다. 이때 아연과 황동의 경우 공통적으로 'ㅇ'이 들어가고, 주석과 청동은 공통적으로 'ㅈ'이 들어간다는 것을 파악해 외우면 더 쉽게 외워집니다. 이것이 바로 정보의 암호화로, 암호화는 보다 효율적으로 기억할 수 있도록 도와줍니다.

바람직한 경작을 위한 올바른 행동강령

1. 자신이 알고 있는 것을 방치하지 말고
복습을 통해 유지 발전되도록 관리하라

STEP 1 ▶ 자신이 충분히 이해했는지 확인하라

수업을 듣거나 책을 읽었다고 해서 모두 자신이 알고 있는 것은 아니다. 그런데 많은 학생들은 '수업을 들은 것' 그 자체를 공부한 것이라고 여기고, 그 후 별도로 공부를 하지 않는다. 하지만 이렇게 방치해 둔 내용은 자신의 것이 되지 못한다. 수업을 듣거나 책을 읽어서 알게 된 내용을 자신의 말로 다시 설명해 보려 하거나 문제를 풀어서 확인해 보면, 자신의 이해에 얼마나 빈틈이 많은지 쉽게 알 수 있다. 따라서 공부를 한 후에는 반드시 자신이 공부한 내용을 충분히 이해하고 있는지 확인해야 한다. 그것이 복습의 시작이다.

。。。。。

STEP 2 ▶ 복습한 내용을 심화시켜라

복습한 내용을 단순히 알고 있는 것에서 완전한 자신의 것으로 만들려면 심화학습이 필요하다. 수업시간에 배운 것만 반복적으로 외우는 것이 아니라 그것을 활용해서 문제를 풀어 보거나 다른 사례에 적용시켜보는 등 심화학습을 해야 하는 것이다. 알고 있는 것과 활용하는 것은 엄연히 다르다. 심화 단계까지 복습이 이뤄져야 그 내용이 비로소 완전한 자신의 지식이 된다.

。。。。。

복습은 쉬운 듯 쉽지 않은 과정이다. 새로운 것을 배울 때는 호기심이 동하지만, 이미 배웠던 것을 또 공부하는 것은 생각만큼 잘 안된다. 집중력도 떨어지고 학습의 효율성도 갈수록 떨어지는데, 이는 자신이 이미 다 알고 있다고 생각하기 때문이다. 점점 더 복습이 귀찮아지고, 따분해지는 것이다. 이럴 때는 다양한 각도에서, 다양한 방법으로 재미와 효과를 더할 자신만의 복습 노하우를 개발하는 것이 좋다. 복습을 주기적으로 하다 보면 어떻게 외울 때 더 잘 외워지는지, 외운 것을 확인하는 효과적인 방법은 무엇인지 자연스럽게 터득하게 된다. 이러한 노하우를 적극적으로 활용하면 보다 효과적으로 복습을 할 수 있다.

2. 수업을 마친 후나 새로운 것을 공부한 후에
암기해야 할 것을 정리하라

 체크리스트

☐ 수업 직후 책을 펴서 오늘 배운 것 중 가장 중요하다고 생각되는 것에 표시하라.

☐ 표시된 내용을 중심으로 새롭게 배운 내용이나 중요한 내용을 정리하라.

☐ 정리된 내용 중에서도 반드시 꼭 암기해야 하는 부분을 압축적으로 추려내라. 너무 많은 정보를 다 복습하려 하면 오히려 복습의 효율이 떨어진다.

☐ 암기해야 할 내용을 연관성이나 관계에 따라 조직화해라.

☐ 암기가 어려운 부분은 자신만의 암호를 만들어 쉽게 외워지도록 하라.

☐ 최종 정리한 내용을 여러 번 반복해 보면서 암기한다.

3. 망각곡선을 고려해서 주기적으로 반복학습하고
암호화를 통해 효과적으로 암기하라

— Tips —

① 1시간을 공부하고서 10분이 지난 뒤에 직전에 배운 내용을 10분 동안 정리해 보라. 학습종료 후 10분이 지나면 학습 내용에 대한 망각이 시작된다. 그 전에 배운 내용을 복습해라.

② 공부한 지 24시간이 지난 후 어제 배운 내용을 2–4분 짧은 시간 내에 빠르게 떠올려 보라. 학습 직후 10분간의 복습을 했다면 그 기억이 1일 정도 유지된다. 이때 반복적으로 복습을 한다면 내용이 보다 오래 기억될 수 있다.

③ 두 번째 복습 후, 일주일이 지난 뒤에 다시 2–4분가량 짧은 시간 동안 그전에 배운 것을 복습하라. 이는 기억의 유효기간을 또다시 연장시키는 것이다.

④ 세 번째 복습한 후, 한 달 뒤에 공부한 내용을 다시 공부하라. 한 달 후 복습까지 완료하면 최초의 학습 내용은 단기 기억에서 장기 기억으로 전환된다. 그러면 최소 6개월 간 배운 내용을 기억할 수 있다.

8장

근원의 원리

. . .

유(有)가 더 큰 유(有)을 낳는다.
있는 것에서 출발하라!

주목! 성경 속 이 말씀!

하나님이 이르시되 우리의 형상을 따라 우리의 모양대로 우리가 사람을 만들고 그들로 바다의 물고기와 하늘의 새와 가축과 온 땅과 땅에 기는 모든 것을 다스리게 하자 하시고(창1:26).

여호와 하나님이 땅의 흙으로 사람을 지으시고 생기를 그 코에 불어넣으시니 사람이 생령이 되니라(창2:7).

1. 성경에서 찾는 근원의 원리

어떤 사람은 세상의 동물이나 식물 같은 자연과 사람의 가치가 동일하다고 말합니다. 그래서 사람을 위해서 자연이나 동식물이 희생되는 것은 잘못되었다고 말합니다. 그러나 성경적인 가치에서 사람은 자연이나 동식물과 전혀 다른 존재이고, 모든 자연 및 동식물과는 비교할 수 없는 존귀한 존재입니다.

하나님께서는 세상의 모든 것을 만드신 후에 마지막으로 사람을 만드셨습니다. 하나님은 사람을 모든 만물과 달리 특별하게 창조하셨습니다.

물론 그렇다고 해서 우리가 자연과 동식물을 마음대로 훼손하거나 희생시켜서는 안 됩니다. 왜냐하면 사람은 그것을 잘 다스려야 하는 책임 또한 하나님으로부터 부여받았기 때문입니다.

하나님께서 사람을 하나님의 형상으로 지으셨다는 것에는 다양한 의미가 있습니다만, 그중에는 아주 중요한 원리 하나가 담겨 있습니다. 바로, 이미 있는 것을 기초로 새로운 것을 창조하시는 근원의 원리입니다. 하나님께서 사람을 만드실 때, 하나님의 형상을 기초로 만드신 것처럼 우리도 이미 있는 것들을 기반으로 하여 새로운 것을 창조하는 지혜를 배워야합니다.

2. 성경 속 근원의 원리, 생활과 공부에 적용시키면?

　동물 중에도 비슷한 모습을 하고 있는 것이 많습니다. 예를 들어, 늑대와 여우는 다른 창조물이지만 생김새는 비슷합니다. 호주에 사는 오리너구리는 오리와 너구리를 함께 닮은 아주 특이한 모습을 가지고 있습니다. 마치 오리와 너구리의 모습을 각각 모방해서 창조된 동물 같아 보이기도 합니다. 물론 하나님께서 만든 창조물 중에는 아주 새롭고 독특한 것도 있습니다. 그러나 서로 닮은 것이 훨씬 많이 있지요. 창조의 근원에는 결국 모방이 자리하고 있는 것입니다.

　이처럼 이미 있는 것들에서 새로운 것을 만들어 내는 근원의 원리는 우리에게 아주 유용합니다. 때에 따라 전혀 새로운 것을 만들어야 할 때도 있지만, 이미 있는 것 또는 내가 이미 만든 것을 기초로 또다시 새로운 것을 창조해 내는 것이 훨씬 효율적일 때가 많습니다. 공부도 마찬가지입니다. 아무것도 없는 상태에서는 앞으로 나아가기가 힘듭니다. 하지만 기초와 배경지식이 탄탄히 쌓인 상태에서는 이를 바탕으로 보다 더 쉽게 앞으로 나아갈 수 있습니다.

1. 시작이 좋아야 끝이 좋다

　　　　　근원이라는 말은 '사물이 비롯되는 근본이나 원인'이라는 말인데 '물줄기가 나오기 시작하는 곳'이라는 뜻도 있습니다. 작은 물이 모여 시냇물을 이루고 시냇물이 흘러 큰 강을 이루는 데 그 물이 처음 흘러나오기 시작하는 곳을 근원이라 합니다. 그 무언가의 처음이라는 의미가 근원이라는 말입니다. 사자성어 중에 초선종선(初善終善)이라는 말이 있습니다. "처음이 좋아야 끝맺음도 좋다."는 말입니다. 또 속담 중에 "첫 단추를 잘 꿰어야 한다."는 말도 있습니다. 역시 처음이 제대로 잘되어야 좋은 결과를 얻을 수 있다는 말입니다. 공부에서도 처음에 기초가 되고 근원이 되는 부분을 정확히 이해하고 아는 것이 매우 중요합니다.

　하지만 근원의 상태는 아무것도 없는 '처음' 혹은 '시작'이기 때문에 어렵습니다. 이럴 때는 이미 자신이 가지고 있는 것에서부터 시작하는 것이 좋습니다. 유추라는 말은 '같은 종류의 것 또는 비슷한 것에 기초하여 다른 사물을 미루어 추측하는 일'을 말합니다. 아무것도 없는 것에서 뭔가를 만들어 내는 것은 어렵습니다. 그러나 작은 것이라도 있는 상태에서 그것을 크게 만들어 가는 것은 상대적으로 쉬운 작업입니다. 공부에서도 기초가 안된 상태에서 남에게 설명하고, 심화과정을 배우는 것은 매우 어렵습니다. 그러나 기초를 탄탄하게 다져 놓는다면, 그 기초를 발판 삼아 더 다양한 배움을 이룰 수 있습니다.

2. 근원의 원리에서 지혜와 공부법을 찾는다면?

기초를 단단히 하라

공부를 통해서 많은 것을 배우고 아는 것은 좋은 일입니다. 그러나 그보다 더 중요한 것은 아는 것을 정확히 배우고 알아서 기초를 튼튼히 하는 일이라 할 수 있습니다.

집을 지을 때 가장 중요한 것은 주춧돌 또는 초석이라고 하는 기초 돌을 잘 쓰는 것이라고 합니다. 공부할 때도 기초를 튼튼히 쌓는 것은 늘 중요하고 꼭 필요한 일입니다. 일차식을 모르면서 이차식을 알 수 없고, 영어의 기초적인 단어나 기초 문법을 모르고는 아무리 많은 문장을 읽는다 해도 전혀 효율적인 공부가 될 수 없습니다.

다른 과목도 마찬가지입니다. 소위 암기과목들도 기초적인 사실들을 잘 알고 기초적인 지식들을 쌓아 두어야 그것을 기반으로 다른 것들을 정확히 이해할 수 있게 됩니다. 따라서 어떤 공부든 기초를 배울 때 신경 써서 잘 배워야 합니다. 혹시 기초가 튼튼하지 않다고 생각되면 아예 시간을 들여서 다시 기초를 튼튼히 하는 것이 좋습니다. 그것이 앞으로의 공부 효율에 더 큰 도움을 줄 것입니다.

'유(有)'를 통해 더 '큰 유(有)'를 만들어라

앞에서도 이미 언급했듯이 나에게 있는 것, 이미 배워서 가지게 된 것들을 잘 활용해야 합니다. 학교에서 하는 공부는 대부분 앞에서 배운 것을 기초로 다음 내용들을 연결해서 배우는 방식으로 진행됩니다. 즉 앞 내용과의 연결성에 기반한 것이죠. 따라서 새로운 단원이 시작될 때는 앞 단원들과 어떻게 연결되는지를 잘 살펴보는 것이 필요합니다. 애초에 공부의 과정 자체가 이미 배운 것과 새로 배운 것과의 연결인 만큼, 우리가 이미 가지고 있는 지식들을 기초로 다음 것들을 연결하고 연상하는 공부법은 매우 유용합니다.

그런데 만약 수학공부를 할 때 함수를 공부하다가 또 도형을 공부하고, 또 도형공부가 제대로 되지 않았는데 집합을 공부하는 식으로 공부한다면 그 공부는 제대로 되기 어렵습니다. 다른 과목들도 마찬가지입니다. 하나를 공부하면 그것을 쭉 이어서 공부하고 그것과 연관될 것들을 더해 가는 형식으로 공부해야 합니다.

연상기억법을 이용하라

공부란 연상하는 것이라 할 수 있습니다. 머릿속에서 정리가 되면 서로 관련이 있는 정보들이 연결되어 창의력이 계발됩니다. 흔히 얘기하는 번뜩이는 아이디어는 무에서 유를 창출하는 것이 아니라 대부분 배운 내용을 재치 있게 연결하여 적용하는 경우입니다. 문제를 해결하지는 못할지라도 기존에 풀리지 않았던 선인들의 의문이나 자신에게 새로운 질문을 하여 자신이 습득한 지식을 기반으로 깊이 고찰하여 보세요.

알고 있는 것을 단순 연결하거나 연결을 통해 새로운 조합을 하는 것이 연상입니다. 우리가 현재 유용하게 쓰고 있는 냉장고도 연상 작용을 통해서 만들어지고 발전된 것이라 할 수 있습니다. 냉장고가 없을 때, 석빙고와 같이 겨울에 얼음을 굴이나 땅속에 보관해서 음식물을 보관하는 방법에서 연상되어 발전한 것이 현재의 냉장고라 할 수 있지요. 비행기도 마찬가지입니다. 비행기 날개는 그냥 뚝딱 만들어진 것이 아닙니다. 새의 날개를 보고 그것에서 연상하고 발전시켜서 비행기라는 엄청난 운송수단을 발명하게 된 것입니다. 그 외에도 우리 일상에서 연상 작용은 거의 모든 곳에서 사용됩니다. 인류는 그것을 통해서 큰 발전과 진보를 이루어 냈습니다. 공부에서도 이런 연상 작용을 이용하면 큰 도움을 얻을 수 있습니다.

연상기억법에 관한 연구나 책이 다양하게 나와 있으니 암기할 것들이 많을 때 자신에게 맞는 연상기억법을 개발해서 적절히 사용하면 도움이 될 수 있습니다. 그러나 그런 특별한 연상기억법이 아니라도 공부할 때 자연스럽게 응용되는 연상기억법이 많이 있습니다. 대표적인 것이 영어에서 접두어나 접미어의 어원적인 뜻을 알고 단어를 외우는 방식입니다. 영어에서 [com]이라는 단어가 들어가면 그것을 [합한다]는 뜻입니다. [mono]는 하나 [bi]는 둘이라는 뜻입니다. 그래서 'bicycle'이라는 단어는 bi+cycle해서 두 개의 원이라는 뜻을 가진 단어로 자전거를 뜻하게 되었습니다. 그리고 'bilingual'이라는 단어는 '이중 언어를 사용하는'이라는 뜻을 나타냅니다. 어원을 알면 단어의 구성을 통해 그 뜻을 연상할 수 있습니다.

한국인의 경우 한문의 뜻을 아는 것도 연상기억법을 활용에 도움이 됩니다. 앞에 3.명칭의 원리에서도 강조했듯이 제목과 단어를 아는 것은 매우 중요합니다. 그런데 우리나라에서는 그 명칭 대부분 한자에서 유래됐습니다. 그래서 모르는 난어라노 어떤 한자로 그 단어가 구성되었을지 생각하고 유추해 보면 단어의 뜻을 알게 되거나 쉽게 기억할 수 있습니다. 예를 들어 광합성(光合成)이라는 단어는 빛 광(光), 합할 합(合), 이룰 성(成)이란 뜻을 가진 한자어로 이루어졌습니다. 이렇게 한자의 뜻을 통해서 광합성의 기본 의미를 충분히 알아낼 수가 있습니다.

근원 활용을 위한 올바른 행동강령

1. 기초부터 튼튼히 하라
기초를 쌓는 데 더 많은 시간과 노력을 투자하라

STEP 1 ▶ 공부의 밑바탕이 될 기초지식을 제대로 쌓는다

공부에서 중요한 것은 주춧돌, 즉 기초를 잘 쌓는 것이라고 했다. 이것이 왜 중요하냐면, 만약 알고 있는 것이 잘못된 정보일 경우 그 위에 쌓게 되는 지식도 허술한 지식이 되거나 쉽게 허물어지는 지식이 될 수 있기 때문이다. 기초는 그야말로 아무것도 없는 상태에서 쌓아가는 것이기 때문에 처음부터 확실하고 올바른 내용을 공부하는 것이 좋다. 괜히 요령을 피우다가 나중에 공부한 것들이 잘 연결이 되지 않거나 헷갈리게 되면 오히려 낭패를 볼 수 있다.

∘ ∘ ∘ ∘ ∘

STEP 2 ▶ 쌓은 기초를 반복해 공부하면서 탄탄히 다진다

공부의 근간은 지식의 근원 또는 기초를 튼튼히 하는 것과 또 그것을 근원으로 해서 새로운 지식을 쌓아가는 것이라고 할 수 있다. 기초를 쌓아도 그것이 튼튼하지 않으면 그 위에 새로운 지식을 쌓을 수 없다. 특히 공부의 가장 기초가 되는 부분은 언제 물어봐도 바로 대답할 수 있도록 확실하게 다져두어야 한다. 기초 공부가 중요한 대표적인 과목이라면 수학이다. 학생들이 고등학교에 진학하고 나서 수학을 어려워하는데, 가장 큰 이유가 기초가 부실하기 때문이라는 점을 기억해야 한다.

∘ ∘ ∘ ∘ ∘

STEP 3 ▶ 많은 시간과 노력을 들여 공부를 이어 가면 성적이 오른다

전문가들은 '공부의 성과는 비탈식이 아니라 계단식이다'라고 말한다. 공부는 하는 만큼 일정하게 성적이 올라가지 않는다. 꾸준히 시간을 들여서 노력하고 참고 공부해야 비로소 계단식으로 차츰차츰 성적이 올라가게 된다. 계단식으로 성적이 올라가기까지는 많은 시간이 소요된다. 끈기 있게 공부하는 과정도 필요한 것이다. 그것들이 곧 기초를 튼튼히 하는 노력이라고 할 수 있다. 공부의 기초가 튼튼하게 되면 결국 성적은 오른다는 사실을 명심하길 바란다.

2. 현재 공부하는 것이 앞뒤 단락과 어떤 연관이 있는지를 살피고 연결해서 공부하라

 체크리스트

☐ 새로 배울 단원의 학습목표부터 확인한다.

☐ 이미 배운 내용 중 연관된 단원이 무엇인지 떠올려본다.

☐ 과거에 배운 내용으로 돌아가, 주요 내용을 다시 학습한다.

☐ 새로 배울 단원의 주요 용어와 개념을 살펴본다.

☐ 과거에 배운 내용과 새로 배우는 내용 사이의 연관성을 파악해 본다.

☐ 두 내용을 연결지어서 정리한 후 암기한다.

3. 연상기억법을 사용하여 암기하고
연상될 수 있는 것들을 최대한 이용해서 공부하라

— Tips —

우뇌와 좌뇌를 연결하여 기억하면 효과가 높다. 어떤 그림에 이름이나 뜻을 대입하여 외우거나 멜로디를 붙여서 외우거나(원숭이 엉덩이는 빨개~) 혹은 이야기를 만들어 외우는 식이다. 또 각 단어의 공통 초성이나 발음을 연상해 외울 수도 있다. 그러나 이미 나와 있는 방법 외에 스스로 연상기억을 잘할 수 있는 방법들을 만들어 보는 것도 좋다.

예) 한라산 높이 1950m(한번 구경 오십시오.)

한일합방 1919년(아이구 아이구 슬프다.)

9장

보완-대안의
원리

· · ·

항상 "플랜 B"도

생각하라!

주목! 성경 속 이 말씀!

하나님이 자기 형상 곧 하나님의 형상대로 사람을 창조하시되 남자와 여자
를 창조하시고(창 1:27).

여호와 하나님이 이르시되 사람이 혼자 사는 것이 좋지 아니하니 내가 그를 위
하여 돕는 배필을 지으리라 하시니라(창 2:18).

여호와 하나님이 아담과 그의 아내를 위하여 가죽옷을 지어 입히시니라
(창 3:21).

남편들아 아내 사랑하기를 그리스도께서 교회를 사랑하시고 그 교회를 위하여
자신을 주심 같이 하라(엡 5:25).

1. 성경에서 찾는 보완-대안의 원리

하나님은 아담과 하와를 창조하셨다고 1장에서 말씀하시지만, 여자의 창조
에 대해서 자세히 말씀하는 2장을 보면 아담과 하와의 창조에는 시차가 있다는
것을 알 수 있습니다. 하나님은 아담을 먼저 만드셨는데, 이후 그가 혼자 있는
것이 좋아 보이지 않다고 느끼셨습니다. 여태까지 하나님께서는 창조하신 후에
다 좋았다고만 하셨는데 아담이 혼자 지내는 것을 보고는 그것은 좋아 보이지
않았다고 하신 것입니다. 그래서 하나님은 아담의 갈빗대로 여자를 만드셨고,
아담을 돕는 배필로 주셨습니다.

어떤 사람은 이것을 보고 남자가 여자보다 더 중요하다고 하거나 여자는 남
자는 돕는 사람에 불과하다고 주장할지 모릅니다. 그러나 성경은 결코 남성 우
월을 나타내거나 남성이 여성을 지배해야 한다고 말하지 않습니다. 오히려 성
경은 남녀가 서로를 깊이 사랑하여 한 몸을 이루어야 한다고 말하고, 아내를 위

해서 남편은 예수님과 같이 자신을 내어 주어야 한다고 말하고 있습니다.

이 창조기사에서 우리가 중요하게 봐야 할 부분은 하나님께서 하나님이 행하신 일에 대해 보완하는 일을 추가로 하셨다는 점입니다. 아담이 혼자 있는 것이 좋지 못하다는 것을 아시고 즉시 하와를 만드셔서 그 문제를 해결하셨습니다. 어떤 문제를 발견하고 그 문제에 대한 대안과 '보안책'을 만드신 것이죠. 또 하나님은 아담과 하와가 선악과를 먹고 나서 자신들이 나뭇잎으로 옷을 해 입고 있는 것을 보시고 또 그들에게 가죽옷을 지어 입히셨습니다. 나뭇잎은 옷으로 쓰기에는 여러 가지 문제가 많기 때문에 하나님은 튼튼하고 따뜻한 가죽옷을 대안으로 주셨습니다.

2. 성경 속 보완-대안의 원리, 생활과 공부에 적용시키면?

하나님은 실수가 없으신 분이시지만 사람들은 많은 잘못과 실수를 범하면서 살아갑니다. 그렇기 때문에 실수와 잘못이 있을 때 그것에 어떻게 대응하는가 하는 문제는 아주 중요합니다. 실수와 잘못을 알면서도 방식을 바꾸지 않는 사람은 일을 제대로 할 수 없으니까요. 만약 무언가가 잘못되었고 그것을 발견했다면, 그 즉시 고치기 위해 고민하고 노력하는 사람만이 발전할 수 있습니다.

공부도 마찬가지입니다. 처음 가졌던 최고의 목표를 바꾸어야 하는 상황이 올 수 있고 또 처음 생각했던 최선의 방법이 너 이상 가능하지 않거나 좋지 않은 방법이 되는 상황을 맞이하기도 합니다. 그럴 때 처음 생각을 무턱대고 고집하거나 안 된다고 포기하는 것이 아니라, 좋은 대안을 찾아서 문제를 해결하고 더 좋은 결과를 얻기 위해 노력해야 합니다. 혹은 처음 생각했던 것만큼은 안 된다고 하더라도 주어진 상황에서 최대의 결과를 얻어 낼 수 있는 대안을 마련하는 것이 아주 필요하고 중요한 일이라 할 수 있습니다.

1. 항상 성공할 수만은 없다.
보완-대안이 필요한 이유

보완의 정의는 "부족한 것을 보충하여 완전하게 함"을 이르고, 대안(代案)의 정의는 "어떤 안(案)을 대신하거나 바꿀만한 안," "어떤 일을 잘 처리할 만하여 대신 내세울 수 있는 사람을 비유적으로 이르는 말"입니다.

사람이 어떤 일을 계획하고 추진할 때 그 생각과 처음 계획대로 일이 이루어지지 않는 경우가 많습니다. 오히려 처음 생각대로 그대로 되는 경우가 드물다고 할 정도로 생각하지 못한 일들이 발생하고 처음 계획을 그대로 실행할 수 없는 경우가 생깁니다. 수준이나 등급 따위가 가장 높음을 의미하는 '최상(最上)'이나, 여럿 가운데 가장 앞섬을 말하는 '최선(最先)'으로 생각했던 계획과 방법들이 막상 일을 시작해 보면 그 생각대로 되지 않는 경우가 많습니다.

그 최상과 최선의 계획이나 목적을 그대로 추진할 수 없는 상황과 환경에 놓인다면, 최선과 '최상의' 것을 포기하고 차상과 차선의 방법을 찾아야 하는 경우가 생깁니다. 좋은 대안을 마련하는 것은 좋은 계획을 세우는 것보다 오히려 중요할 때가 있습니다.

2. 보완-대안의 원리에서 지혜와 공부법을 찾는다면?

목표는 유지하되 방법을 바꾸어라

'전략'과 '전술'이라는 말이 있습니다. 이것은 전쟁 등에 사용되는 군사 용어인 데 전략은 전쟁의 목적을 달성하는 전체적인 방향이나 방침을 말하고, 전술은 전략을 달성하기 위한 개개의 전투에 관한 방책을 말하는 것입니다. 그래서 같은 전략 아래 여러 가지 전술이 있을 수 있습니다. 또 몇 가지 전술이 실패한다고 해서 전체 전략을 포기하거나 수정할 필요는 없습니다. 전략을 위해서 실패한 전술 대신에 다른 대안이 되는 전술들을 새로 수립하면 되는 것입니다.

공부에서도 공부의 목표나 학업을 통해서 이루고자 하는 목적을 위해서 여러 가지 전술, 즉 여러 가지 공부 방법을 사용해 보고 또 다양한 시도를 해 볼 수 있습니다. 또 자신이 택한 여러 공부법 가운데 몇 가지 방법들이 성공하고 실패한다고 해서 그것에 일희일비 해서는 안됩니다. 더 좋은 방법들을 찾고 현재 나의 상황에 가장 적합한 전술을 찾으면 됩니다.

주어진 조건을 활용하라

자신이 시도한 방법이 실패하거나 가려고 했던 길이 막히고 어려움에 부딪혔을 때 새로운 길을 찾으려면 현재 자신의 상황을 잘 살펴야 합니다. 또다시 실패하지 않으려면 주어진 조건 가운데서 새로운 대안을 모색하는 것이 좋습니다.

따라서 현재의 상황과 환경에 대한 냉철한 인식과 분석이 중요합니다. 고사성어 중에 '지피지기(知彼知己)면 백전백승(百戰百勝)'이라는 말이 있습니다. 즉 상대를 알고 나를 알면 백 번 싸워도 백 번 이긴다는 뜻이지요. 나에게 있는 것이 무엇인지를 잘 파악하고 주변의 환경이나 도전해야 하는 대상에 대해서 정확하게 알면 이길 방법을 찾을 수 있습니다.

현재 자신에 주어져 있는 것들에 대해 잘 알아 두어야 합니다. 자신의 장점이나 잘하는 부분 또는 약한 부분들을 파악한 후, 그러한 점들로 인해 생길 수 있는 문제점이나 난관을 극복하고 피하는 방법을 찾아가야 합니다. 또 도전하고자 하는 대상에 대해서도 잘 알아야 합니다. 이를테면 학생에게는 입시제도나 취업제도와 같은 것들이 있겠지요. 상대나 혹은 공략해야 할 대상이 어떤 조건들을 요구하는지 잘 알아야 그에 맞게 대안을 마련할 수 있습니다. 잊지 마십시오. 지피지기가 잘 되어 있다면 비록 한두 번의 실패가 있다 하더라도 오히려 그를 통해 좋은 새로운 대안을 마련할 수 있고 충분히 만회할 수도 있습니다.

집착하지 말고 상황과 조건의 변화에 적응하라

보완과 좋은 대안을 찾기 위해서는 문제에 유연하게 대응하는 것이 중요합니다. 뭔가를 시도했다가 실패할 경우 가장 좋지 않은 모습은 그 실패에 집착하는 것입니다. 실패의 아픔과 좋지 못한 감정과 기억에 사로잡혀 있으면 아무것도 할 수 없습니다. 좋지 못한 기억과 아픔을 빨리 떨쳐 버릴수록 대안을 찾을 수 있는 확률이 높아지고 더 좋은 결과를 도출할 수 있습니다.

대체로 실패에 사로잡히는 경우는 그 문제만을 바라보고 넓게 보지 못하기 때문이라 할 수 있습니다. 한 번의 실패가 마치 인생의 전부인 것처럼 생각하지만 실제는 긴 인생에서 아주 순간이고 작은 부분이라는 것을 알아야 합니다. 이처럼 유연한 사고를 토대로 차분하게 또 다각도로 주어진 문제와 환경을 주의 깊게 살펴보아야 합니다.

걱정하기보다는 준비를 하라

사람이 어떤 일에 실패하게 되면 여러 가지 감정이 나타날 수 있습니다. 이때 너무 크게 좌절하거나 실망한다면 그 문제를 해결할 의지조차 잃게 됩니다. 물론 이와 정반대로 실패를 인정하지 않고 고집스럽게 같은 방법을 계속 지속하는 것도 문제를 해결하는 데 도움이 되지 않습니다. 또한 실패의 원인을 자신에게서 찾지 않고 다른 곳에서만 실패의 원인을 찾으려고 하는 이들도 있습니다. 심지어 아예 문제를 외면하려고 하는 경우까지도 있습니다. 그러나 분명히 생각해야 할 것은 자신의 문제를 냉철하고, 정확하게 인식하고 인정하지 않으면 제대로 된 대안을 찾을 수 없습니다.

그리고 또 하나 좋지 못한 경우는 한 번의 실패로 인해 자신감을 완전히 잃어버리고 걱정에 휩싸여 새로운 시도를 하지 못하는 것입니다. 실패할 것을 두려워한 나머지 시도조차 않는 것이지요. 이럴 때 걱정을 하고 부정적인 생각들을 할 것이 아니라 문제를 정확히 보고 걱정되는 부분들에 대해서 대비책을 만들고 해결책을 준비하는 것이 훨씬 생산적인 행동입니다.

'유비무환'이라는 말이 있습니다. 평소에 준비가 철저하면 후에 근심이 없음을 뜻하는 말입니다. 실패의 경험을 통해서 부족한 부분을 찾고 충분히 내비할 수 있다면, 그 실패는 '실패'로 끝난 것이 아닙니다. 오히려 같은 실수를 반복하지 않게 하는 훌륭한 지침서가 되는 셈이지요. 평소에 [플랜 B]를 생각해 두는 것은 실패에서 벗어나 새로 성공을 향해 갈 수 있는 좋은 방법입니다. 처음의 계획과 방법이 생각대로 안될 때 취할 수 있는 가장 좋은 행동은 플랜 B, 즉 대안을 생각해 두는 것입니다.

보완-대안을 찾기를 위한 올바른 행동강령

1. 목표는 유지하되 방법을 바꾸어라

STEP 1 ▶ 절망하거나 포기하지 마라

무언가가 잘못되었다는 것을 발견했을 때, 절망하거나 포기해서는 안 된다. 하나의 길이 막혔다고 해서 아예 갈 수 없는 것은 아니기 때문이다. 충분히 다른 길을 찾을 수 있고, 꼭 처음 생각했던 길이 아니더라도 그 목표에 도달할 수 있는 다양한 길이 있다는 점을 인지하고 정진해야 한다.

○ ○ ○ ○ ○

STEP 2 ▶ 현재 주어진 조건을 살펴라

이미 실패를 경험했다면, 자신이 왜 실패했는지 또 어떤 부분에서 실패했는지를 생각하는 것이 우선이다. 어떤 개선책이 있을지 어떤 대비가 필요한지를 고민해 새로운 대안을 마련하고 준비하는 것은 그 다음이다. 현재의 상황, 자신이 처한 환경에 대해 냉철하게 되돌아보라. 그리고 나에게 있는 것이 무엇인지, 내가 도전해야 하는 환경이나 상황이 무엇인지 정확하게 파악해 보라. 그러면 극복할 방법을 찾을 수 있다.

○ ○ ○ ○ ○

STEP 3 ▶ 목표를 이룰 수 있는 다른 방법을 찾아라

최상의 대안을 찾는 것은 다양성(多樣性)과 상대성(相對性)을 잘 파악하는 것에서 출발한다. 즉 변화된 상황과 조건들을 잘 파악하고, 그런 환경 속에서 선택할 수 있는 다양한 방법을 모두 고민해 봐야 한다. 자신이 찾은 여러 방법의 가능성을 따져 보고, 그중에서 가장 좋은 방법을 선택해 시도해 보라.

2. 주어진 조건을 활용하라

 체크리스트

☐ 자신의 장점과 함께 약점에 대해서 파악해 둔다.

☐ 약점으로 인해 생길 수 있는 문제 상황을 미리 정리해 본다.

☐ 문제 상황을 해결할 수 있는 대안을 고민해 본다.

☐ 자신에게 주어진 제약이나 한계 상황이 정확히 무엇인지 파악한다.

☐ 제약을 극복할 수 있는 현실적인 대안에 대한 계획도 함께 세워 둔다.

☐ 실패할 경우, 나름대로 실패 원인에 대해 분석해 보고 다른 방법을 찾아 재시도한다.

3. 집착하지 말고 상황과 조건의 변화에 적응하라

— Tips —

① 혹시 자신의 실패를 자꾸 상기하고 있지 않은지 되짚어 봐라. 지난 실수와 실패를 뼈아프게 여기되, 좌절감에서 빨리 벗어나야 한다.

② 실패로 인한 부정적 감정을 지우고, 마음을 비워라. 실패의 좌절감이 클 때는 잠시 하던 것을 멈추고 명상을 하며 마음을 비우는 것도 방법이다.

③ 긍정적인 마음가짐으로 새로운 대안을 모색하라. 처음으로 돌아가 전체 판의 큰 그림을 살펴봐라.

④ 지금 실패는 전체를 이루어 가는 과정에서 아주 작은 부분임을 기억하라. 결국은 실패를 이겨 낼 것이라는 믿음을 갖는 것이 중요하다.

⑤ 실패를 반복하지 않기 위해 주변의 조건, 상황을 냉정하게 분석하라. 실패가 주는 좌절감을 이겨 내는 가장 좋은 방법은 '성공'이다. 반드시 새로운 방법으로 성공하라.

10장

안식의 원리

휴식은
게으름도 죄도 아니다!

주목! 성경 속 이 말씀!

천지와 만물이 다 이루어지니라 하나님이 그가 하시던 일을 일곱째 날에 마치시니 그가 하시던 모든 일을 그치고 일곱째 날에 안식하시니라 하나님이 그 일곱째 날을 복되게 하사 거룩하게 하셨으니 이는 하나님이 그 창조하시며 만드시던 모든 일을 마치시고 그 날에 안식하셨음이니라(창 2:1-3).

1. 성경에서 찾는 안식의 원리

우리가 잘 아는 바와 같이 하나님께선 6일간 천지를 창조하시고 7일에 쉬셨습니다. 이를 두고 하나님께서 마치 인간처럼 체력의 한계가 있어 피곤한 나머지 휴식을 취했다고 해석하는 이들은 많지 않을 것입니다. 그보다는 하나님께서 창조 작업을 하시면서 사람에게 본을 보이고 싶은 어떤 원리가 여기에도 숨겨져 있다고 보는 것이 더 타당하겠지요.

하나님께선 사람에게 안식이 필요하다는 것을 아셨습니다. 그래서 사람에게 6일 일하고 7일째 쉬는 것을 가르치기 위해서 천지창조에서 그 모범을 보이신 것입니다. 안식의 원리는 하나님의 명령으로서, 사람이 결코 거부할 수 없는 또는 거스를 수 없는 원리입니다. 이를 따를 때 사람은 가장 건강하고 좋은 삶을 살 수 있습니다.

안식일에 대한 여러 가지 신학적 함의가 있으나 가장 중요한 것은 '일단 쉬어야 한다'는 것입니다. 사람은 계속 쉬지 않고 일할 수 없고, 6일을 일하면 7일째에는 쉬도록 만들어졌습니다. 이에 따라 유대인들의 안식일은 토요일이고, 기독교는 일요일에 안식합니다. 또한 현재 거의 모든 나라들이 일요일은 쉬는 날로 정해서 지키고 있습니다. 한 때 일요일에 쉬지 않고 일하는 제도를 만든 나라가 있었으나, 여러 가지 문제가 생겨서 일주일에 하루를 쉬는 것으로 다시 바꾸었다고 합니다. 이렇듯 사람의 몸과 정신은 한 주에 1일은 꼭 쉬는 것이 필요하도록 만들어졌습니다.

2. 성경 속 안식의 원리, 생활과 공부에 적용시키면?

하나님은 6일 일하고 7일째 쉬는 안식일 외에도 7년마다 6년 동안 경작했던 땅을 쉬게 하는 '안식년'에 대해 말씀하셨습니다. 열심히 경작하는 사이에 '쉼'을 둔 것입니다. 하나님이 만드신 사람 또한 비슷한 원리를 투영해 기계를 만들었습니다. 기계들의 설명서를 보면 몇 시간 이상 계속 가동하지 말고 일정 시간 후에 멈추어 주어야 한다는 규정을 둔 것들이 있습니다. 이 경우 보통은 '만약 계속 쉬지 않고 기계를 돌리면 고장의 원인이 된다'는 경고 문구가 함께 있지요. 기계를 만든 사람 또한 일정 시간 동안 기계를 가동한 후에는 멈추어서 열을 식히고 조금 쉬게 두도록 설계한 것입니다.

열심히 땅을 경작하고 일을 하는 것도 중요하지만, 충분히 일을 했다면 그만큼 잘 쉬어 주는 것도 중요합니다. 잘 쉬는 사람이 더 좋은 효율을 올릴 수 있습니다. 공부를 하는 학생에게도 휴식은 필요합니다. 자녀를 매섭게 몰아붙여 끊임없이 공부를 시키도록 한다고 해서 모두 좋은 결과를 얻는 것은 아닙니다. 공부를 해야 할 때는 열심히 하더라도, 휴식을 취해야 할 때기 되면 충분히 쉬어 주는 것도 필요합니다. 그래야 지치지 않고 오래도록 공부할 동력을 얻을 수 있습니다.

1. 미래의 안식만큼 현재의 쉼(휴식)도 중요하다

안식은 편안하게 쉰다는 뜻입니다. 비슷한 말로 휴식이라는 단어를 생각할 수 있는데 휴식은 "일하는 도중에 잠깐 쉼, 하던 일을 그만둠"이라는 의미를 가집니다. 하던 일을 멈추고 쉬는 것 또는 일상 속에서 편안하게 시간을 보내는 것이 곧 안식이자 휴식입니다. 안식과 휴식의 반대는 일하는 것 또는 쉬지 않고 계속 힘들게 진행하는 것을 의미합니다. 하지만 이는 궁극적으로 일의 능률을 떨어뜨립니다. 몸과 정신이 너무 혹사되는 것을 막고 적절히 쉬면서 기력을 회복하는 안식이 사람에겐 필요합니다. 공부에서도 휴식과 안식은 필수적입니다. 개구리가 움츠려야 앞으로 뛰듯이 좋은 안식을 하고 적절한 휴식을 갖는 사람이 더 높은 공부의 효과를 얻을 수 있습니다. 한 걸음 더 도약하기 위해서는 움츠리는 시간을 잘 활용해야 합니다.

생각해 보면 사람들이 열심히 공부하고 일해서 얻고자 하는 것은 편한 일을 하고 좋은 휴양을 하는 것이 목적인 경우가 많습니다. 결국 사람들은 잘 쉬기 위해서 일한다고 볼 수가 있습니다. 하지만 미래에 잘 쉬는 것뿐만 아니라 현재의 쉼도 중요합니다. 현재의 적절한 휴식이 더 좋은 미래의 쉼을 보장할 수 있다는 것을 간과해서는 안 됩니다. 좋은 쉼과 안식은 더 좋은 삶의 질을 보장하고 일과 공부의 효율을 가져다준다는 것을 기억해야 합니다.

2. 안식의 원리에서 지혜와 공부법을 찾는다면?

충전을 위한 안식을 하라

휴식이 그저 멍하니 시간을 보내는 것이 아닌 충전을 위한 안식이 되려면, 쉬는 시간 또는 휴일의 올바른 활용법을 찾는 것이 중요합니다. 그냥 쉬는 시간이나 쉬는 날을 아무 계획 없이 보내는 것보다는 어떻게 쉬는 것이 자신에게 더 좋은 쉼이 되는지 고민하며 쉬어야 합니다.

그간 쌓인 육체적인 피로를 풀거나 정신적인 스트레스를 날려 버리려면 어떻게 해야 좋을지 평소에 효율적인 방법을 생각해 보는 것이 좋습니다. 자신에게 가장 알맞은 안식과 휴식의 시간을 가지려고 노력하십시오. 한편으로는 휴식하는 동안 지난날과 보내온 시간들을 반성하는 것도 의미가 있습니다. 지난 시간에 부족했던 점들을 보완할 방법을 구상하고, 앞으로 더 좋은 공부를 위해서 준비하고 계획하는 시간을 갖는다면, 이는 발전적인 안식의 시간이 될 수 있는 것입니다.

열심히 해야 안식도 의미가 있다

입시 성공 사례나 수능 만점자들의 인터뷰를 보면 잠을 충분히 잤다든지 운동을 많이 하고 낮에도 졸리면 그냥 낮잠을 잤다고 하는 이야기를 종종 들을 수 있습니다. 말도 안된다고들 하겠지만 적절한 휴식과 수면 그리고 운동은 집중력을 높이고 공부한 내용을 쉬는 시간 동안 뇌에 저장하도록 돕는 효과가 있습니다.

그런데 여기서 간과하면 안 될 사실이 있습니다. 이들이 단순히 잘 자고 잘 쉬는 것만으로 좋은 성적을 낼 수 있었겠는가 하는 것입니다. 이들이 쉬기 전까지 얼마나 치열하게 열심히 공부했는지를 생각해야 합니다.

프랑스 시인 보들레르는 "근로는 매일을 풍부하게 하며 휴식은 피곤한 나날을 더욱 값있게 한다. 뿐만 아니라 근로 뒤의 휴식은 높은 환희 속에 감사를 불러일으킨다."라고 말했습니다. 잘 쉬고 안식할 수 있는 것의 전제 조건이 있는데 그것은 열심히 일하는 것입니다. 열심히 일한 후에야 비로소 쉼이 값지고 의미가 있는 것입니다. 계속 쉬는 사람, 일하지 않고 빈둥거리는 사람에게 휴식과 쉼은 의미가 없을 뿐만 아니라 좋은 쉼이 될 수 없습니다. 칸트는 "노동 뒤의 휴식이야말로 가장 편안하고 순수한 기쁨이다."라고 말했습니다. 잘 쉬려면 먼저 열심히 일하고 공부해야 합니다. 그래야 좋은 수면과 좋은 휴식시간을 얻을 수 있습니다.

마음의 여유를 가져야 한다

잘 안식하기 위해서는 마음의 여유가 필요합니다. 정신적으로, 심리적으로 굉장히 쫓기고 다급한 상태에서 단지 일을 멈추고 아무것도 하지 않는다고 해서 편히 쉬어질 수 없습니다. 쉰다는 것은 단지 육체적으로 멈추는 것이 아닙니다. 특히 공부에서는 더욱 그렇습니다. 마음의 여유가 없이 쉬는 것은 아무 의미가 없습니다.

마음의 여유를 위해서 먼저 욕심을 버려야 합니다. 공부에 대한 과도한 욕심과 조급한 마음이 있으면 적절한 휴식을 취하지도 못하고 쉬어도 제대로 쉴 수 없습니다. 욕심과 조급한 마음을 버리고 평안한 마음, 평정심을 가져야 합니다.

'비워야 채워진다.'는 말이 있습니다. 잠시 시간을 비우는 것은 다시 채우기 위한 것임을 생각하고 비우는 시간, 즉 휴식을 가지는 것에 대한 염려를 과감히 떨쳐야 합니다. 쉬는 시간은 시간을 낭비하고 버리는 것이 아니라 정리하고 계획하는 시간이고, 더 효율을 높이는 시간이라는 것을 생각하고 편한 마음으로 쉬어야 합니다.

올바른 수면 습관을 만들라

수면은 안식에 있어서 가장 중요한 부분이라 할 수 있습니다. 충분하고 좋은 수면은 쉼과 안식의 기본이 되는 부분이고, 또 수면이 제대로 되어야 일상생활을 제대로 잘 할 수 있기 때문입니다.

수면은 크게 두 종류로 나뉩니다. 얕은 수면인 '렘(rem) 수면'과 평소의 수면인 '논렘(non-rem)수면'이 바로 그것입니다. '렘'은 빠른 안구의 운동(rapid eye movement)이라는 의미의 영어 머리글자를 따서 만든 말입니다. 렘수면 중에는 닫혀 있는 눈꺼풀 아래에서 안구가 마치 깨어 있는 것처럼 빙글빙글 움직이며 동시에 뇌파도 깨어 있을 때처럼 활발한 움직임을 보입니다. 게다가 심장의 박동이 불규칙적이기도 하고, 호흡은 거칠어지기도 하며, 혈압이 오르락내리락하기도 합니다. 잠이 시작되면 처음 약 1시간 반은 논렘수면이 계속되다 그후 렘수면에 들어가고, 30분 정도 지나면 다시 논렘수면으로 되돌아갑니다. 약 90분간의 주기로 하룻밤에 4-5회 일어납니다. 그런데 이 90분 사이클 도중에 일어나게 되면 잠이 부족한 느낌이 들고, 사이클이 바뀌는 시점에 일어나면 설령 3시간(즉 사이클 2회)밖에 자지 못했어도 개운한 느낌이 듭니다.

그러므로 산뜻하게 눈을 뜨기 위해서는 깨어 있는 상태에 보다

가까운 얕은 수면 상태, 즉 렘수면일 때 일어나는 것이 좋습니다. 렘수면은 대개 1회에 25분 전후로 계속되고, 그 사이에는 꿈을 빈번하게 꾸게 됩니다.

발전적 안식을 위한 올바른 행동강령

1. 좋은 수면을 위해서 수면리듬을 이용하고
아침형 인간이 되도록 하라

__STEP 1__ ▶ 수면리듬을 이용하여 효율적으로 잔다

짧은 수면 시간이라도 기분 좋게 눈을 뜰 수 있는 것은, 자신의 수면 리듬을 알고 있는 사람일 것이다. 자신의 렘수면과 논렘수면(Non-REM)의 사이클을 파악하면 눈을 뜨는데 가장 적절한 시각을 알 수 있게 된다. 자신의 수면 패턴을 파악해 정해진 시각에 자명종 시계를 맞춰 놓고 자도록 하라. 다음 날 아침 눈이 아주 쉽게 떠지게 되는 것을 경험할 수 있다. 수면자체의 길이를 신경 쓰기보다 수면 사이클이 바뀌는 좋은 시점을 찾는 일이 중요하다는 것을 명심하자.

○ ○ ○ ○ ○

__STEP 2__ ▶ '아침형 인간'의 생활태도를 습관화하라

성공한 사람들은 모두 아침형 인간이다. 인간의 하루 리듬, 수면 사이클을 효율적으로 활용하기 위해서라도 아침형 인간이 되어야 한다. 이러한 '아침형 인간'은 체질과는 무관하기 때문에 자신의 습관으로 얼마든지 바꿀 수 있다. 예를 들어 자기 직전에 음식을 많이 먹는 것은 소화기관뿐만 아니라 뇌까지도 힘들게 한다. 저녁 식사는 일찍 먹고, 그 후에 음악을 듣거나 안정된 생활을 하는 것이 좋다. 잠자리에서 일어나면 땀을 약간 흘릴 정도로 스트레칭 위주의 가벼운 운동을 하는 것이 좋다.

STEP 3 ▶ 아침에 해야 할 일에 집중하라

원래 인간의 뇌세포는 일찍 자고 일찍 일어나는 리듬을 가지고 있다. 그래서 수험생이나 창조적인 업무에 매진하고 있는 프리랜서도 밤늦게까지 일을 할 것보다 아침 일찍 일어나서 하는 것이 좋다. 심야에 몇 시간은 족히 해야 할 일이나 공부가 아침 일찍 집중하게 되면, 많은 시간이 필요한 일도 몇 분으로 끝나는 경우가 있다. 특히 수험생은 결국 시험을 치러야 할 시간대가 오전부터 시작되므로, 아침부터 자신이 해야 할 공부에 집중하는 습관을 들이는 것이 좋다.

2. 힘들고 지칠 때는 꼭 휴식시간을 가져라

 체크리스트

☐ 몇 시간에 한 번씩은 밖에 나가거나 창문을 열어 신선한 공기를 마신다.

☐ 공부하는 도중에 굳어 있는 몸을 풀어 주는 스트레칭을 틈틈이 해 준다.

☐ 불안하거나 조급한 마음이 들 때는 향초 등 아로마를 이용해 마음을 편하게 이완한다.

☐ 자신만의 수면 패턴을 만들어 진행한다. 단, 낮잠 시간을 정할 때는 중요한 시험 시간표 등을 고려해 짠다.

☐ 어려운 공부를 해야 할 때는 필히 휴식을 위한 시간이나 규칙을 정해 놓는다.

3. 공부할 때는 있는 힘을 다해 열심히 하라

— Tips —

① 공부시간과 휴식시간을 철저하게 분리한다.

② 공부시간에는 최선을 다해 공부에만 집중한다.

③ 휴식시간에는 공부에 대한 걱정을 내려놓고, 편안히 휴식한다.

④ 공부와 휴식시간의 균형이 잘 맞는지 점검해 보고, 필요할 경우 이를 조정한다.

⑤ 공부와 휴식시간의 질이 잘 유지되는지 때때로 되돌아보고, 개선할 점은 개선한다.

11장

공간
선별의 원리

장소를 알맞게
정하고 활용하라!

주목! 성경 속 이 말씀!

여호와 하나님이 동방의 에덴에 동산을 창설하시고 그 지으신 사람을 거기 두시니라 여호와 하나님이 그 땅에서 보기에 아름답고 먹기에 좋은 나무가 나게 하시니 동산 가운데에는 생명 나무와 선악을 알게 하는 나무도 있더라 (창2:8-9).

1. 성경에서 찾는 공간 선별의 원리

하나님께서 세상을 아름답게 창조하시고 보시기에 좋았다고 말하셨지만, 아담과 하와가 살 수 있는 특별한 에덴동산을 따로 만드셨습니다. 그곳에 온갖 맛있는 과일들을 만드셔서 아담과 하와가 잘 지낼 수 있도록 하셨습니다. 정확하게 에덴동산과 그 외의 지역이 어떻게 달랐는지는 알 수 없으나 하나님께서 특별히 아담과 하와를 위해서 장소를 만드시고, 그곳에 그들을 위해 필요한 것들을 만들어서 주셨다는 점만은 분명합니다.

앞에서 하나님께서 6일간 일하고 7일째에 안식하셨다는 것을 살펴봤는데, 이번에는 7일째 되는 날을 특별히 쉬는 안식일로 정하신 것처럼 사람이 살아갈 '에덴동산'이라는 장소(공간)를 특별히 정하셨다는 것을 알 수 있습니다. 세상의 넓은 장소 중에 특별히 한 곳을 정하시고, 그곳을 특별히 사람이 잘 살 수 있는 환경으로 만드신 것이지요.

성경에 나타나는 하나님의 일하시는 모습을 통해 알게 되는 것은 장소가 아주 중요하다는 것입니다. 이스라엘 백성이 특별히 가나안 땅으로 가야 하는 것이나, 예수님의 탄생 장소가 그 전부터 베들레헴으로 정해졌다는 것, 또 다른 지역이 아니라 예루살렘 성전에서 제사를 드려야 하는 것, 출애굽 당시에 진을

치는 공간 배치가 아주 중요한 것들을 보면 하나님께서는 시간뿐만 아니라 공간을 정하시고 그것에 특별한 의미를 두시는 것을 알 수 있습니다.

2. 성경 속 적재적소의 원리, 생활과 공부에 적용시키면?

하나님께서 특별히 에덴을 정하시고 동산을 꾸미시는 것에서 우리는 우리가 일하는 장소, 공부하는 장소를 잘 정하는 것은 물론 특별히 그 공간을 잘 정비하여 일하고 공부하는 데 좋게 그리고 잘 만드는 것이 중요하다는 것을 읽어낼 수 있어야 합니다. 조용한 곳에서 사람들의 방해를 받지 않고 잘 준비되어 공부하기 불편함이 없는 장소를 만들어서 공부하는 것이 하나님에게서 배울 수 있는 지혜가 아닐까 합니다.

1. 좋은 토양에서 좋은 싹이 난다

　　　　　태초에 하나님께서 인간의 삶을 위해 이리저리 살피신 것과 같이 사람에게는 시간과 공간이 늘 중요한 문제입니다. 여기서는 사람에게 공간이 얼마나 중요한지 살펴보고자 합니다. 공간의 중요성은 우리 선조들도 일찍감치 알고 있었습니다. 특히 우리 선조들은 풍수지리라고 해서 집을 짓는 장소나 묘소를 쓰는 장소를 아주 중요하게 생각했습니다. 물론 이런 미신적인 행동이 옳다고 할 수는 없으나, 사람이 장소와 공간에 아주 민감하고 많은 영향을 받는다는 것을 알 수 있습니다.

　흔히 '적재적소'라는 말이 있지요. 이 말은 "어떤 일을 맡기기에 알맞은 재능을 가진 사람을 알맞은 자리에 씀" 또는 "직무가 요구하는 자격 요건과 개인이 보유하고 있는 능력 조건이 균형 있게 대응되고 적합하도록 인력을 배치하는 원칙"을 말하는 것입니다. 그러나 좀 더 이 말을 확장해서 생각해 보면 '재목이 될 사람이 적절한 곳에 있어야 능력을 발휘한다'는 의미가 됩니다. 따라서 재목이 될 사람이 어떤 곳에 있느냐가 중요하다는 것인데, 이것을 공부에 적용해 본다면 어디서 공부를 하느냐가 공부의 효율이나 결과에 중요한 변수가 된다는 것을 알 수 있습니다.

　어떤 미신적인 풍수지리를 말하는 것이 아니라 자신이 공부하기에 좋은 장소를 찾는 것 또는 공부하기 좋게 그 장소를 꾸미고 주변 환경을 정리하는 것이 공부에 큰 도움이 될 수 있다는 것입니다. 어찌 보면 좋은 토양에서 좋은 싹이 나는 것과 같은 당연한 이치라고도 할 수 있습니다.

2. 공간 선별의 원리에서 지혜와 공부법을 찾는다면?

주어진 환경을 파악하고 활용하라

가장 먼저 생각해야 할 것은 자신의 주변 환경을 돌아보는 것입니다. 내가 공부하고 있는 환경이 공부에 좋은지, 안 좋은 점은 어떤 것이 있는지, 또 더 좋게 만들 수 있는 부분이 있다면 어떻게 개선할 수 있는지를 면밀히 살펴보아야 합니다.

그리고 자신에게 주어진 환경을 최대한 활용해야 합니다. 소음이 있다면 어떻게 줄일 수 있는지, 조명이 좋지 않다면 어떻게 보완할 수 있는지 등을 생각하고 개선해야 합니다. 만약 그런 것을 개선할 수 없다면, 더 좋은 공부 장소를 구할 수 있는지도 찾아보아야 합니다.

만약 그런 개선이 가능하지 않고 다른 공부 장소도 구할 수 없다면 그 주어진 상황에 잘 적응하는 능력을 키우고 주어진 것에 만족하는 태도도 필요합니다. 주변 환경을 탓하기 시작하면 끝이 없습니다. 더 좋은 의자도 필요하고, 더 편한 책상이 있어야 할 것 같지요. 아주 작은 소음에도 공부할 수 없다고 그것을 개선하는 일에만 집착하게 될 수도 있습니다. 그러나 이런 것은 오히려 공부에 방해가 됩니다.

주어진 환경을 개선하는 것이 필요하지만, 할 수 없는 부분에 대해서는 만족하고 받아들이고 그 환경에 잘 적응하고 그 상황에서 최선의 것을 얻으려는 태도가 더 중요합니다. 주변 환경에는 학교나 학원도 포함된다고 할 수 있습니다. 학교나 학원을 쉽게 옮길 수 있고, 그로 인해 더 좋은 강의를 들을 수 있으면 그렇게 하는 것이 좋습니다. 그러나 그 과정에서 공부의 단절이 생기는 것도 고려해야 합니다. 학교나 학원의 강의가 조금 나쁘다고 해서 공부를 아예 할 수 없는 것은 아닙니다. 가장 좋은 성적을 받은 사람이 가장 좋은 공부 환경속에서 공부하지 않은 경우가 더 많습니다. 어려운 환경을 극복하고 역경 속에서 더 큰 성과를 내는 경우도 많다는 것을 생각하고, 공부하는 곳과 환경 개선을 위해서 노력해야겠지만 또 주어진 환경 속에서 최선을 다하는 모습도 있어야 할 것입니다.

공부 환경을 조성해 주어라

대부분 공부하는 장소가 한 곳이 아니라 몇 곳이 되는 경우가 많습니다. 특히 가정에서 공부할 수 있는 환경이 되는 경우와 그렇지 못한 경우에 학생의 성적이 많이 차이가 납니다. 늘 TV가 켜져서 소리가 나고, 또 조용히 공부할 수 있는 공간과 시설이 없다면 집에서 공부하는 것은 어려운 일입니다. 그리고 정신적으로도 공부보다는 TV나 다른 것에 정신과 마음이 쏠릴 수밖에 없습니다. 가정에서 부모나 다른 가족들이 TV 대신 책을 자주 보는 등 공부하는 분위기를 만들고, 공부할 수 있도록 잘 배려해 주는 것이 필요합니다.

가정이 공부하는 장소만은 아닙니다. 편히 쉬고 잠을 자고 식사하는 장소이기도 합니다. 물론 가정은 여러 기능을 위해 이용되어야 합니다만, 면학 분위기가 필요한 상황이라면 독서실과 같은 역할도 할 수 있도록 가정환경을 꾸미는 것도 중요합니다.

학생들이 가장 많이 시간을 보내는 곳은 어쩌면 학교와 학원일 수 있습니다. 그곳 환경 역시 중요합니다. 학교나 학원의 환경은 마음대로 고칠 수 없기 때문에 고치는 것보다는 있는 시설을 잘 이용하는 방법을 찾는 것이 유용합니다. 도서관을 이용하는 방법도 좋은 방법일 수 있습니다. 도서관에서 조용히 자기 공부를 하거나 또 도서관에 있는 책들을 이용해서 공부하면 더 좋은 공부가 될 수 있습니다.

사회가 자체로도 실습장이 될 수 있습니다. 학생이라고 해서 항상 공부만 하는 것이 아닙니다. 수험생들은 기회가 없을 수 있겠지만, 저학년 학생들은 공부 외에도 많은 활동들을 하게 되고 다른 곳을 가게 될 경우도 많습니다. 더욱이 방문하게 되는 곳에서 공부와 연결해서 생각하고 적용해 볼 수 있다면 큰 도움이 될 것입니다.

인내력을 키워라

맹모삼촌지교(孟母三遷之敎)의 교훈에서도 알 수 있듯, 공부하는 사람이 공부하기 적당한 곳에 있어야지 적절하지 않는 곳에 있어서는 안 됩니다. 공부하는 사람이 노는 곳이나 학생이 가지 말아야 할 곳을 자주 간다면, 그것 또한 공간 선별의 원리에 맞지 않는 것입니다. 혹시 좋지 못한 곳에 자주 가는 습관이 있다면 굳은 결심과 인내력으로 그것을 이겨 내야 합니다.

미래의 자리를 만들어 가라

자신이 미래에 어떤 장소에 그리고 어떤 위치에 있게 될 것이지, 또 어떤 의미 있고 좋은 일을 하게 될 것인지를 생각하고 꿈꾸고 그려 보는 것이 현재 공부에 큰 도움이 될 수 있습니다. 미래의 꿈을 알고 공부할 때 공부의 구체적인 방향이 생기고 공부에 더 큰 열정이 생겨서 열심히 공부할 수 있기 때문입니다.

이처럼 긍정적인 꿈을 매일 그리며 마음을 다잡으려면, '아침에 꿈꾸고 점심에 행하고 저녁에 확인'하는 습관을 키워야 합니다. 이것은 넓은 의미로는 꿈꾸고 공부하고 일해서 그 결과를 보는 것으로 생각할 수도 있지만, 한편으로는 꿈을 위한 노력을 매일 실천하고, 그 실천사항을 확인한다는 뜻이기도 합니다.

공간 선별을 위한 올바른 행동강령

1. 가정과 학교와 사회에서 공부에 좋은 장소를 찾고 만들라

STEP 1 ▶ 공부하는 집안 분위기를 만들어라

분위기는 환경을 가꾸는 것만으로 조성되지 않는다. 가정에서 공부하는 학생뿐만 아니라 부모나 다른 가족이 TV 대신 책을 자주 보는 등 공부하는 분위기 조성에 함께 참여하는 것이 좋다.

○ ○ ○ ○ ○

STEP 2 ▶ 학교와 학원을 잘 이용하라

학생이 가장 많은 시간을 보내는 공간은 학교와 학원일 것이다. 학교와 학원에서 공부가 잘 안 된다고 해서 학교, 학원을 옮기는 것은 불필요한 에너지 소모가 크기 때문에 가급적 주어진 환경을 잘 이용하려고 노력하는 것이 필요하다. 학교에서는 공부가 잘 되는 환경, 조건을 찾기 위해 노력하고 학원에서 공부하는 것이 너무 힘들 경우 독서실을 활용하는 것도 방법이다.

○ ○ ○ ○ ○

STEP 3 ▶ 사회에서도 배워라

꼭 공부를 위한 공간에서만 공부할 수 있는 것은 아니다. 공부와는 전혀 어울리지 않는 것처럼 보이는 공간에서도 얼마든지 배우고 공부할 수 있다. 공부에 도움이 될 수 있는 부분은 어떤 부분이 있는지 고민해 보고, 깨달은 점을 공부에 적용해 보는 노력을 해야 한다.

2. 자신의 공부 환경을 점검해 보고
개선하고 최선의 공부 환경을 만들라

✔️ 체크리스트

☐ 공부를 하는 공간이 별도의 생활공간과 따로 분리되어 있다.

☐ 공부방 혹은 책상 위가 깔끔하게 정리되어 있다.

☐ 스마트폰과 컴퓨터 등 공부에 방해가 되는 물건이 시야에 들어오지 않게 둔
다.

☐ 오랫동안 집중할 수 있는 환경인지 점검한다. 의자는 편안한지, 공부할 도
구들이 모두 갖춰져 있는지 등을 살펴본다.

☐ 공부에 영향을 주는 요인들을 사전에 파악하고 제거, 개선한다.

☐ 공부 환경에 변화를 주었다면 일정 기간 이를 유지하면서, 환경 변화에 적
응하는 시간을 가져 본다. 이후 변화를 그대로 둘지, 이어갈지를 결정한다.

3. 미래 자신의 위치를 생각하고 꿈꾸어라,
그리고 계획하고 실행하라

— Tips —

① 아침에 일어나서 자신의 미래 모습, 자신이 미래에 할 일을 되새겨 본다.

② 미래 자신의 모습을 그리며, 공부에 대한 의지를 다잡는다.

③ 공부계획을 세우고, 그에 따라 하루 동안 열심히 공부한다.

④ 밤에 자기 전에, 오늘 하루 공부한 것들을 점검하며 계획대로 되었는지 확인한다.

⑤ 오늘 하루를 통해 자신이 꿈꾸던 미래 모습에 얼마나 가까이 다가갔는지 점검한다.

12장

생동력의 원리

:

살아 있는 지식은 취하고

죽은 지식은 버려라!

주목! 성경 속 이 말씀!

여호와 하나님이 땅의 흙으로 사람을 지으시고 생기를 그 코에 불어넣으시니 사람이 생령이 되니라(창 2:7).

1. 성경에서 찾는 생동력의 원리

하나님께서 사람을 창조하심과 그 외의 것들을 창조하심에는 큰 차이가 있습니다. 다른 동물이나 식물은 말씀으로만 창조하셨는데, 이에 반해 사람은 하나님께서 손수 흙을 빚어서 하나님의 형상을 따라 하나님의 모양대로 만드셨습니다. 이것은 사람이라는 존재가 다른 생물들과 달리 아주 특별한 존재라는 것을 말합니다. 어떤 사람은 사람도 자연의 일부이고 다른 자연과 동물과 다를 것이 없다고 하지만 그렇지 않습니다. 사람은 하나님께서 특별하게 하나님의 형상을 본떠 만드셨으며, 손수 생기를 불어넣어 생명력을 부여해 주셨기 때문에 우리는 동물과 같은 존재로 스스로를 낮추어 생각할 것이 아니라 스스로 하나님의 형상을 가진 존귀한 자로 생각해야 합니다. 또한 이에 따라 하나님과 같은 높은 수준의 생각을 하며 살아야 합니다.

하나님의 생기를 받은 사람들은 그 생기를 또 다른 사람에게 불어넣어 줄 수 있습니다. 다른 사람에게 복음을 전함으로 그들에게 생명의 말씀을 주고 그들을 구원하는 일을 할 수 있습니다. 또 좋은 말과 따뜻한 마음으로 이웃에게 사랑을 줌으로써 죽어가는 사람들을 살리기도 하고, 아무런 삶의 의욕 없이 살아가는 사람에게 살고자하는 의욕을 불러일으킬 수도 있습니다. 그야말로 생기를 불어넣는 것입니다.

2. 성경 속 생동력의 원리, 생활과 공부에 적용시키면?

우리는 하나님께서 사람에게 생기를 불어넣으셔서 특별한 존재로 만드셨다는 것을 알고 있습니다. 여기서 우리가 공부할 때 적용할 수 있는 좋은 원리를 배울 수 있는데 그것은 하나님께서 흙으로 만들어진 몸에 생기를 불어넣듯이 우리가 우리의 지식(공부한 것)에 생기를 불어넣어야 한다는 것입니다.

하나님이 사람을 하나님과 닮게 하시고, 생기를 불어넣어 하나님의 뜻을 따르는 사람으로 창조하셨듯이, 사람 또한 굳어 있고 죽어 있는 기억과 지식에도 생기를 넣을 수 있습니다. 자신의 생각과 뜻과 마음을 확고히 한다면 말입니다.

공부를 통해 얻게 되는 지식이 생동력을 가지려면 단순히 공부나 지식 그 자체의 의미를 뛰어넘는 가치관이나 세계관, 철학, 종교적인 신념이 필요합니다. 인생에 대한 분명한 목적의식이 있는 사람, 또는 진리 탐구에 대한 뚜렷한 의지나 이루고 도달하려고 하는 목표가 있는 사람이 더 적극적으로 공부하게 됩니다. 따라서 그런 지향과 지적 탐구의 목적을 갖는 것이 가장 우선이지요.

그 다음으로는 공부를 통해서 얻어진 지식들을 자신의 지향과 목적 중심으로 배열하고 또 응용하게 될 때, 지식에 생동감이 생길 수 있습니다. 아무 생각 없이 공부하는 사람들은 지식이 지성의 영역에만 머무르지만, 그의 인생의 지향과 목적과 연관된 공부와 지식은 그의 지성을 넘어서 감성과 의지에까지 영향을 미칩니다. 나아가 그의 영혼을 일깨우는 공부와 교육이 될 수 있습니다.

1. 생동력 있는 지식 vs. 죽어 있는 지식

생동력은 '생기 있게 살아 움직이는 힘'을 말합니다. 잘 이해가 되지 않는다면 생기 있게 살아 있지 못한 경우를 떠올리면 됩니다. 죽어 있거나 활동적이지 않고 가만히 있는 상태가 반대의 경우입니다. 사람에게 적용하면 적극적이고 생기발랄한 사람이 있고, 어떤 이유에서인지 굉장히 수동적이고 별로 반응도 없고 가만히 있는 사람도 있습니다. 자동차의 경우에 적용해 본다면, 자동차 상태가 좋아서 잘 달리고 잘 멈추고 사람들이 사용하기에 유용한 상태의 자동차가 있는 반면에, 여러 가지 이유로 자동차의 시동이 걸리지 않거나 움직이지 않는 상태의 자동차가 있습니다. 이런 차는 생동력이 없는 차라고 할 수 있습니다.

이와 마찬가지로 우리 머릿속에 있는 지식에도 '생동력'이라는 단어를 적용할 수 있습니다. 즉 어떤 사람은 자신이 가진 지식을 활용하여 여러모로 적용되는 살아 있는 지식이 되도록 만들지만, 어떤 사람은 자신의 지식을 마치 죽어 있는 것처럼 전혀 활용하지 않아 아무 곳에도 그 가치가 발현되지 못해 쓸모없는 지식으로 그치는 경우가 있습니다.

이렇게 생동력이 없는 것은 곧 아무런 변화를 하지 않는 상태를 뜻하기도 합니다. 즉 스스로 다양하게 적용되고 또 스스로 변화하면서 여러 곳에 적용·사용되는 생동력이 있는 지식이 있는 반면에 그렇지 못하고 처음 지식 그 상태로 변화 없이 굳어 있는 지식이 있습니다. 이처럼 생동력이 없는 지식은 쓸모가 없음을 알 수 있습니다.

공부를 통해서 많은 지식을 머리에 넣지만 그 지식이 생동력이 없다면 앞으로의 학습에서 큰 도움이 되지 않고 좋은 결과를 얻기도 힘듭니다. 많은 시간을 투자해서 머리에 집어넣은 지식이 굳어 있는 지식이 아니라 생동력 있게 활용될 때 좋은 결과를 얻을 수 있습니다. 또한 이는 공부의 시너지를 얻을 수 있는 좋은 지식으로 작동하게 되는 것입니다.

2. 생동력의 원리에서 지혜와 공부법을 찾는다면?

생동감 있는 공부를 위해서 가장 중요한 것은 생각하면서 공부하는 것입니다. '생각하기'는 '헤아리고 판단하고 인식하는 것 따위의 정신작용'이라 할 수 있는데 이것이 생동감 있는 공부의 기초입니다.

헤아리며 공부하라

헤아린다는 것은 알고 있는 것을 통하여 정리한다는 의미인데, 자신이 공부한 것 또는 이미 알고 있는 지식은 잘 정리하는 것이 필요합니다. 머릿속에 있는 지식이 어떤 것들이 있는지 또 그것들이 어떤 의미가 있는지를 알아야 합니다. 그리고 그것을 잘 정리해 두어야 합니다.

이것은 새로운 것을 공부할 때도 필요한 과정입니다. 지식의 의미와 활용도가 잘 정리되어 있는 지식은 어떤 상황에서든 알맞게 활용될 수 있어 유용합니다. 하지만 아무리 많은 지식이 있다고 해도 그것이 어디에 쓰이는지 알 수 없고, 정리되어 있지 않다면 무용 지물이 됩니다.

판단하며 공부하라

판단한다는 것은 '논리와 기준에 따라 가치와 관계를 구분한다'는 의미입니다. 공부하는 내용을 무조건 받아들이고 암기하는 것이 아니라 나름대로 그 지식에 대해 판단해 보는 것입니다. 과연 이것이 맞는 지식인지 또는 다르게 생각해 볼 여지는 없는지, 올바른 지식이라 할지라도 얼마나 가치가 있는 지식인지를 스스로 생각해 보아야 합니다.

물론 이런 공부에 대한 자세한 판단은 입시 공부 같은 분야에서는 사치이고 시간 낭비처럼 느껴질 수 있습니다. 하지만 짧게라도 공부하는 내용에 대해서 스스로 판단해 본다면 그 공부를 더 깊이 있게 이해하고, 더 적극적으로 받아들이게 되어 기억도 더 잘할 수 있게 됩니다.

분명히 인식하며 공부하라

인식한다는 것은 '분별하고 판단하여 알게 됨'을 의미합니다. 공부할 때 어렴풋한 지식이나 대강 외운 지식은 힘을 발휘하기 어렵습니다. 그리고 정확하게 정리되지 않는 지식은 오히려 또 다른 오류를 불러올 수 있습니다. 그렇기에 공부하면서도 배우는 내용을 분별하고 판단하는 작업을 거쳐 온전히 자신의 지식으로 만들려는 노력을 해야 합니다. 또 그렇게 알게 된 지식은 분명히 인식하는 단계에 이르도록 해야 합니다.

분명한 인식에 이르는 공부를 위한 몇 가지 방법을 소개하자면 먼저 공부한 것들이 정확히 기억되도록 자주 반복해 암기해야 합니다. 또 정확한 사리를 따져서 서로 분간이 가능하고 구별된 상태로 지식을 습득해야 합니다. 이때 중요한 것은 공부해서 얻은 지식에 대한 의견이나 느낌을 정리해 보는 것입니다. 즉 새로 배운 내용을 어떤 면에서 좋았다든지 또는 공부할 때 흥미가 있었다든지, 너무 이해하기 어려웠다든지 등의 감성적인 느낌을 함께 기록하는 것입니다. 그리고 앞으로 이 지식이 어떤 면에서 유용할 수 있겠다는 것까지 생각해 보고 기록해 본다면 더할 나위 없이 좋습니다. 이런 공부는 분명하게 머릿속에 남게 되고 생동감 있게 사용될 수 있을 것입니다.

다른 것들과 연관성을 생각하며 공부하라

좋은 지식과 공부는 잘 정리가 되어 있어서 쉽게 꺼내어 사용할 수 있도록 배치되어 있는 것입니다. 정리되지 않는 지식은 결국 찾기가 어렵고, 필요할 때 결국 사용되지 않을 수 있습니다. 사용되지 않는 지식은 죽은 지식입니다. 중요한 것은 서로 연계되고 연결되어 있어 언제든 사용할 수 있는 지식입니다. 그렇게 잘 연결된 지식은 처음부터 그런 연계와 연결을 생각하면서 공부해야 비로소 만들어집니다. 새로운 것을 공부할 때나 이미 알고 있는 것들을 자주 다른 과목이나 다른 단원과 연결시키려고 노력하고 연관해서 생각해 보려는 작업이 필요한 것입니다. 그렇게 해서 여러 지식을 서로 연관되도록 연결해 놓으면 그것이 생동감을 가지게 되는 것입니다.

생동력 활용을 위한 올바른 행동강령

1. 생동력의 원리를 숙지하라

STEP 1 ▶ 존재 가치를 확신하라

우리는 그냥 우연에 의해 만들어졌거나 소모품으로 여겨지는 존재가 아니다. 괜한 자격지심에서 이런 생각을 할 수 있겠으나 자신이 숨을 쉬고 생각할 수 있는 능력을 지니고 있다면 그 자체로만으로도 현재를 활용하고 미래를 만들어 갈 수 있는 능력도 있는 것이다. 그것만으로도 이미 자신의 존재 가치는 충분한 것이다.

○ ○ ○ ○ ○

STEP 2 ▶ 뜻과 마음을 확고히 하라

자신이 어떻게 살고 싶은지, 무엇을 하고 싶은지를 생각하고, 그것을 이루기 위한 준비를 하라. 철저한 준비 과정이 자신이 선행된다면 뜻을 두고 있는 것을 실행으로 옮길 때 자신감을 바탕으로 추진할 수가 있다. 일단 무엇을 하고 싶은지부터 결심하라!

○ ○ ○ ○ ○

STEP 3 ▶ 삶의 목적과 연관하여 진행하라

우리가 사는 목적이 무엇일까? 자아실현도 중요하고 성공도 중요하겠으나 올바른 일을 하여야 한다. 방법과 결과에 타당성과 정당성이 훼손된다면 죽어 있는, 아니 존재하면 안될 일이고 가치인 것이다. 생동력이란 이렇듯 다양한 연동

성이 있는 그런 것이다.

2. 공부하는 내용에 대한 비판적인 판단을 하면서 공부하라

 체크리스트

☐ 새로 배운 내용을 무비판적으로 수용하지 않는다.

☐ 새로 배운 지식의 논리적 타당성을 따져 본다.

☐ 항상 새로 배운 지식의 양면성을 고려한다. 어떤 지식이 유용한 지식이라도, 이로 인해 생길 수 있는 문제점이나 반증은 없는지도 고민한다.

☐ 새로 배운 지식이 얼마나 가치 있는 지식인지 나름의 가치판단을 해 본다.

☐ 지식을 공부하며 고민한 내용을 함께 기록해 둔다.

3. 공부하는 내용이 다른 과목이나 단원과 연관되고 연결되는지를 생각하며 공부하라

— Tips —

① 새로운 내용을 공부할 때는 다른 과목이나 다른 단원과 연관 지어 생각하려고 노력한다.

② 새로 배운 지식이 기존에 자신이 알고 있던 것과 어떻게 연계되어 있는지, 어떤 관계에 있는 지식인지 생각하며 공부한다.

③ 새로운 내용을 배울 때마다 이러한 연결을 점점 확장해 간다.

④ 수시로 배운 내용들의 연관성을 정리해 구조화해 본다.

⑤ 서로 연결되고 연관된 지식들의 연계성을 작동시키면서 그 지식이 생동력 있는 지식이 되도록 한다.

13장

협동의 원리

시너지 효과를
활용하라!

주목! 성경 속 이 말씀!

아담이 모든 가축과 공중의 새와 들의 모든 짐승에게 이름을 주니라 아담이 돕는 배필이 없으므로 여호와 하나님이 아담을 깊이 잠들게 하시니 잠들매 그가 그 갈빗대 하나를 취하고 살로 대신 채우시고 여호와 하나님이 아담에게서 취하신 그 갈빗대로 여자를 만드시고 그를 아담에게로 이끌어 오시니 아담이 이르되 이는 내 뼈 중의 뼈요 살 중의 살이라 이것을 남자에게서 취하였은즉 여자라 부르리라 하니라(창2:20-23).

1. 성경에서 찾는 협동의 원리

하나님께서는 아담을 창조하신 후에 아담에게 부족한 것이 있다고 생각하시고 하와를 창조해 주셨습니다. 하나님께서 하와를 창조하신 이유와 또 그 방법을 성경은 다른 창조 기사에 비해 자세히 묘사하고 있는데, 어떻게 보면 참 아름답게 묘사되어 있습니다.

하나님은 아담을 잠들게 하시고 아담의 갈비뼈를 하나 취하셔서 그것으로 여자를 만드셨습니다. 그래서 아담은 하와를 보고 "내 뼈 중에 뼈요 살 중에 살이라." 말합니다. 또 하나님은 하와를 만드신 이유를 "아담에게 돕는 배필이 필요해서"라고 말하십니다. 앞에서도 언급했듯이 여기에서 굳이 "여자는 단지 남자를 돕는 존재란 말인가"라는 시비를 걸 필요는 없습니다. 하나님은 남자가 더 중요하고 높다는 것을 말하지 않으셨습니다. 하나님은 남자와 여자의 창조를 통해서 서로 "나의 뼈 나의 살"로 생각하며 하나가 되고, 서로 깊이 사랑하기를 원하시며 또 사랑함으로 돕는 배필이기를 바라신다고 생각하는 것이 성경의 의미에 더 합당한 해석일 겁니다.

하나님께서 아담에게 돕는 배필을 창조해 주셨다는 부분에 집중해서 볼 때, 이것 역시 하나님께서 일을 이루어 가는 원리라 생각해 볼 수 있습니다. "하나님께서는 돕는 배필을 주신다." 이것을 다르게 말하면, 하나님께서는 어떤 것을 만드신 후 그것을 돕는 것을 만드셔서 온전하게 만드십니다. 성경에 따르면, 사람은 자연이나 다른 생물들에 비해 특별한 존재입니다. 또 사람에게 모든 자연 만물을 다스리라고 말씀하셨습니다. 이를 다른 면에서 생각해 보면, 사람에게 만물을 돕는 존재로서의 역할을 주셨다고 생각할 수 있습니다. 자연 만물이 사람을 위해서 있고 또 사람이 자연 만물을 돕는 역할을 하는 것입니다.

이렇게 하나님이 보여 주신 '돕는 원리', 보충의 원리는 인간이 살아가는 가장 중요하고 필수적인 모습이라고 생각할 수 있습니다. 사람은 자연과 도움을 주고받으며 살아가고, 부부는 서로 도우며 살아갑니다. 또 우리는 태어나면서 죽을 때까지 많은 도움을 받고 혹은 도움을 주며 살아갑니다. 아기로 태어나서 부모와 이웃들의 많은 도움을 받게 되고, 죽을 때도 자손과 이웃들의 도움을 받게 되지요. 살아가는 와중에도 계속 사람들과 도움을 주고받으며 살게 됩니다. 결국 하나님께서는 사람을 서로 돕는 존재로 만드셨다고 할 수 있습니다.

2. 성경 속 협동의 원리, 생활과 공부에 적용시키면?

하나님께서는 사람을 '서로 돕는 존재'로 만드셨습니다. 그렇기에 혼자 모든 것을 하려고 하는 것은 지극히 어리석은 것입니다. 내가 도움을 줄 수 있는 것이 없는지를 늘 살피고 도움을 주는 사람이 되어야 합니다. 또한 내가 어려울 땐 도움을 받을 수 있는 방법이 있는지를 고민하고 적절한 도움을 받을 수 있도록 해야 합니다. 그렇게 도움을 주고받을 때 우리는 더 좋은 삶을 살 수 있고 더 풍성한 삶을 살 수 있습니다.

1. 파트너 관계가 되라(누구나 도움이 필요하다)

파트너는 소중한 존재입니다. 성경에서 보듯 하나님께서는 아담을 도와줄 배필이 없으므로 아담의 갈빗대 하나를 취하여 하와를 만드셨습니다. 즉 하와는 아담에게 자신의 갈빗대 같은 존재라 할 수 있지요. 유대계 소설가인 엘리비젤에 의하면 하나님은 특별히 아담의 몸 중 가장 소중하고 순결한 부분인 갈빗대를 취하여 여자를 만드셨다고 합니다. 부부간의 배필이 이렇게 친밀하고 소중한 것과 같이 친구나 동료와의 관계도 중요합니다. 부부가 서로 도와 살듯이 친구나 동료로 서로 돕고 협력하는 '배필'과 같은 관계를 맺는 것이 중요합니다.

배필의 한자는 나눌 배(配), 짝 필(匹)입니다. 즉 '나누는 짝'이라고 할 수 있지요. 이 말은 여러 가지로 해석해 볼 수 있는데 '어떤 일을 나누어서 협력하는 사이'라는 뜻도 될 수 있고, 또 어떤 일에 대해서 서로 나누는(얘기하고 의논하는) 사이라고 할 수도 있습니다. 또 어떤 일의 결실을 나누어 가지는 사이라고도 할 수 있을 것입니다. 부부간에는 당연히 이 모든 것들이 다 포함되어서 협력하고 의논하고 결실을 나누는 온전한 관계를 맺습니다. 부부가 아니라도 사람들은 서로 이런 배필의 관계를 필요로 하게 되고, 이런 배필의 관계를 통해서 많은 도움을 얻을 수 있게 됩니다. 공부에도 이렇게 서로 협력하고 같이 의논하는 사람이 필요합니다.

같이 공부하는 동료를 모두 배필이라고 말할 수는 없지만, 공부에서만큼은 배필처럼 함께 공부하고 서로 모르는 것에 대해 묻고 대답하는 등 선의의 경쟁을 하게 된다면 좋은 결과를 얻을 수 있습니다. 그러기 위해선 무엇보다도 먼저 주변에 있는 동료들을 부담스러워하거나 피하기보다는 나에게 필요하고 도움을 줄 수 있는 사람들이라는 것을 인정하고 좋은 관계를 맺는 것이 필요합니다.

2. 협동의 원리에서 지혜와 공부법을 찾는다면?

협동과 경쟁의 관계가 필요하다

학교나 학원에서 같이 공부하는 동료가 있다는 것은 여러 가지로 좋은 면이 많습니다. 같이 협력해서 공부할 수 있고, 때로는 힘들고 피곤할 수 있는 경쟁관계가 되더라도 서로에게 좋은 자극과 힘을 얻을 수 있기 때문입니다. 육상 경기에서도 같이 뛰는 사람이 있을 때, 혼자 뛰는 경우보다 더 좋은 성적을 기대할 수 있다고 합니다. 옆에서 뛰는 선수가 없으면 아무런 방해를 받지 않고 더 좋은 성적을 얻을 수 있을 것 같지만 결코 그렇지 않다고 합니다. 오히려 옆에서 뛰는 선수를 보면서 뒤처지지 않으려고 더 힘을 내게 되고, 또 그 옆 선수보다 더 빨리 가기 위해서 최선을 다하게 됩니다. 여러 명이 경주할 때 더 좋은 결과를 얻듯이 공부에도 동료와 협력하고 경쟁하는 것이 성적 향상에 도움이 됩니다.

시너지 효과를 활용하라

시너지란 분산 상태에 있는 개인이나 집단이 서로 협동을 통하여 적응하는 과정을 의미합니다. 시너지 효과는 각각의 수단을 협동과 협업을 통해 '1+1=2'로 만드는 단순한 산술적인 합계보다 더 큰 '3 또는 그 이상의 결과'를 얻는 효과를 의미합니다. 시너지 효과(synergy effect)의 반대 개념은 링겔만 효과(Ringelmann effect)로 개인의 수가 증가할수록 성과에 대한 개인(1인당)의 공헌도가 현격히 저하되는 현상을 뜻합니다.

이 두 효과에서 알 수 있듯이, 공부하는 동료들이 있다는 것이 항상 좋은 효과를 주는 것은 아닙니다. 함께 공부하는 사람들이 너무 많으면 소음 등으로 학습 환경이 나빠지는 경우가 있고, 또 주변 사람들이 공부를 방해하는 원인을 제공하기도 합니다. 이런 경우 링겔만 효과가 유발된다고 할 수 있을 것입니다. 이런 환경을 피하고 조절하면서 같이 있는 동료들로 인해서 시너지가 날 수 있도록 조절하고 적합한 환경을 만들어 가야 합니다.

지나친 경쟁을 하게 되는 경우도 링겔만 효과를 불러 올 수 있습니다. 반대로 너무 경쟁이 안 되는 동료들과 있는 경우도 좋지 못한 결과를 얻을 수 있습니다. 좋은 동료들은 적절한 이완작용과 긴장작용을 일으켜 시너지 효과를 얻게 합니다. 즉 같이 어울려 스트레스를 풀기도 하고, 또 서로 적당한 경쟁심을 가지고 더욱 잘하고자 하는 동기를 얻게 된다면 그로써 큰 시너지를 내게 되는 것입니다.

서로 도움을 주고받아라

앞에서 말했듯이 동료가 있다는 것이 좋지 못한 영향을 줄 수도 있고, 반대로 아주 큰 시너지를 불러일으킬 수도 있습니다. 이를 두고 같이 있는 동료들의 자질에 따라 달라진다고 생각할 수 있는데, 그보다 더 중요한 것은 '좋은 관계'라 할 수 있습니다.

길을 같이 가는 동료가 상대의 길과 걸음을 방해하고 다리를 걸어 넘어뜨리려고 하는 적대적인 관계가 아니라 서로 끌어 주고 밀어주는, 서로를 돕고자 하는 마음이 있다면 좋은 시너지가 발생합니다. 공부할 때 학교생활에서 좋은 친구가 있다는 것은 중요합니다. 특히 도움을 주고받을 수 있는 좋은 친구가 있다는 것은 더욱 중요합니다.

그런데 서로 돕는 관계를 가지려면 자신이 먼저 돕고자 하는 태도가 필요합니다. 상대의 필요한 것들을 먼저 도와주고 챙겨 준다면 그들도 내가 필요한 것을 도와주고 챙겨 주게 될 것입니다. 주변에 모두를 적으로 두고 있는 사람과 주변에 모두를 도와주는 동료로 두고 있는 사람이 만드는 결과는 불을 보듯 뻔하다고 할 수 있을 것입니다.

도움을 청하라

아무리 똑똑하고 잘난 사람도 혼자서는 살아갈 수 없습니다. 사람은 서로 돕고 힘을 모으기 때문에 함께 살아갈 수 있는 것입니다. 현대의 발전된 물질문명은 한 개인이 만들어 낸 것이 아닙니다. 서로 머리를 모으고 지식을 공유하기 때문에 이런 과학과 문명을 만들어 낸 것입니다.

마찬가지로 우리가 공부할 때 혼자 하는 것보다 주변의 도움을 받아 하는 것이 좋습니다. 모르는 것을 혼자 해결하려 하기보다는 아는 사람들에게 배우는 것이 훨씬 효과적인 결과를 얻게 됩니다. 즉 도움을 잘 청하고 또 도움을 잘 받을 수 있는 사람은 그렇지 못한 사람에 비해 훨씬 좋은 결과를 얻을 수 있습니다.

공부할 때 좋은 참고서가 큰 도움이 되듯이 주변에 공부를 도와

줄 수 있는 좋은 도움의 도구들을 가지는 것이 중요합니다. 좋은 학교나 학원 또는 좋은 참고서, 좋은 선생님을 통해서 도움을 받는 것이 필요합니다. 그리고 같이 공부하는 동료들을 통해서도 도움을 받을 수 있습니다. 특히 옆에 같이 공부하는 동료들은 가장 쉽게 직접적인 도움을 줄 수 있습니다. 모른다는 것은 부끄러운 것이 아닙니다. 앞으로도 계속해서 모르는 것, 모르는 데 아는 척을 하는 것이 더 문제입니다. 서로 모르는 것도 묻고 대답해 줄 수 있는 관계들을 많이 만들어야 합니다. 공부할 때 모르는 것을 즉시 질문하고 쉽게 답을 얻을 수 있다면 그렇지 못한 사람에 비해서 공부의 효율이 훨씬 높을 수밖에 없다는 것을 기억해야 합니다.

협동을 위한 올바른 행동강령

1. 좋은 도움과 좋은 도구들을 많이 확보하라

STEP 1 ▶ 주변 사람을 먼저 도와라

도움을 받으려면 먼저 도움을 주는 사람이 되어야 한다. 상대가 필요한 것들을 먼저 도와주거나 동료들을 잘 챙겨 준다면 그들도 내가 도움이 필요할 때 기꺼이 도와줄 것이다. 주변 친구들이 모르는 것을 물어보거나 공부에 어려움을 겪고 있다면 먼저 다가가 도와주자.

ο ο ο ο ο

STEP 2 ▶ 좋은 관계를 많이 만들어 두어라

공부도 혼자 할 때보다 여럿이서 머리를 모을 때 좋은 결과를 얻게 된다. 모르는 것을 혼자 알아내려고 끙끙대는 것보다 이미 잘 알고 있는 동료에게 도움을 얻는 것이 훨씬 효율적이다. 이러한 생산적인 공부를 하려면 주변과 좋은 관계를 맺고 있어야 한다. 주변에 모두를 적으로 두고 있는 사람과 주변에 모두를 도와주는 동료를 두고 있는 사람의 결과는 확연히 다르다는 점을 기억하자.

ο ο ο ο ο

STEP 3 ▶ 좋은 도구를 많이 확보하라

꼭 사람으로부터만 도움을 받을 수 있는 것은 아니다. 좋은 교재, 좋은 참고서, 좋은 강의도 공부에 큰 도움을 준다. 예전에는 혼자서는 공부하는 것이 어려웠지만 요즘은 인터넷 강의나 방송 등 공부에 도움이 될 수 있는 도구들이 워낙 많다. 주변의 도움을 받기 어려운 상황이라면 더욱 이들을 적극 활용해 보자. 보다 효율적인 공부를 할 수 있을 것이다.

2. 같이하는 동료들과 서로 도움을 주고받는 좋은 관계를 맺으라

✔ 체크리스트

☐ 친구가 모르는 것을 물어볼 때 이를 해결해 주기 위해 함께 고민한다.

☐ 모르는 것이 있을 때는 주저하지 말고 이를 잘 아는 친구에게 묻고 도움을 구한다.

☐ 친구들과 함께 공동의 목표를 세우고, 이를 달성하기 위해 노력하고 서로 격려한다.

☐ 가끔씩은 친구들과 함께 공부로 쌓인 스트레스를 푼다.

☐ 친구를 선의의 경쟁자로 여기고, 함께 좋은 결과를 얻기 위해 노력한다.

3. 선의의 경쟁을 하라

— Tips —

① 함께 공부하는 사람들과 좋은 관계를 맺어라.

② 지나친 경쟁은 오히려 부작용을 낳는다.

③ 너무 경쟁이 안 되는 동료들과는 경쟁으로 인한 긍정적 효과를 기대하기 어

렵다.

④ 서로 적당한 경쟁심을 갖게 되면, 공부의 동기가 더욱 유발된다.

⑤ 선의의 경쟁자를 적당히 가진 사람이 경쟁자가 없는 사람보다 더 좋은 결과
를 얻는다.

14장

유혹 극복의 원리

.
.
.

유혹은 필요악이다.

물리치고 활용하라!

◎ 주목! 성경 속 이 말씀!

여호와 하나님이 그 사람에게 명하여 이르시되 동산 각종 나무의 열매는 네가 임의로 먹되 선악을 알게 하는 나무의 열매는 먹지 말라 네가 먹는 날에는 반드시 죽으리라 하시니라(창2:16-17).

뱀이 여자에게 이르되 너희가 결코 죽지 아니하리라 너희가 그것을 먹는 날에는 너희 눈이 밝아져 하나님과 같이 되어 선악을 알줄 하나님이 아심이니라 여자가 그 나무를 본즉 먹음직도 하고 보암직도 하고 지혜롭게 할 만큼 탐스럽기도 한 나무인지라 여자가 그 열매를 따 먹고 자기와 함께 있는 남편에게도 주매 그도 먹은지라(창3:4-6).

1. 성경에서 찾는 유혹 극복의 원리

아담과 하와가 선악과를 먹고 죄를 범하고 타락해서 하나님의 형벌을 받는 것을 보면 안타까움과 함께 '유혹이 얼마나 무서운 것인가'하는 것을 생각하게 됩니다. 아담과 하와는 하나님께 에덴동산의 모든 과일 중에 유일하게 먹지 말라고 한 선악을 알게 하는 나무의 과일을 먹습니다. 그로 인해 사람은 원죄를 가지게 되고, 영생의 삶을 이어 가지 못하고 죽게 되는 운명이 됩니다. 에덴동산에는 선악과 말고도 먹을 수 있는 과일이 많이 있었는데 굳이 왜 선악과를 먹어 모든 인류를 어려움에 처하게 했는지 원망이 들 수밖에 없습니다.

이 모든 불행의 시초는 사탄의 유혹과 사람의 작은 욕심과 탐심에서부터 시작되었습니다. 사탄은 사람에게 선악을 알게 하는 나무의 열매를 먹는 날에는 하나님과 같이 될 것이라 말합니다. 과일 하나를 먹는 것으로 갑자기 하나님과 같은 존재가 될 것이라는 말도 안 되는 유혹에 넘어간 것이지요. 노력하지 않고 쉽게 많은 것을 얻을 수 있고 수고하지 않고 대단한 결과를 얻을 수 있다는 유혹은 현대의 사기꾼들도 늘 하는 말입니다. 그런 유혹에 넘어가면 끝내 사기를 당하고 패가망신하는 경우가 많지요.

에덴동산에 있었던 사탄의 유혹, 다르게 말하면 '사기'는 그때 이후에 늘 우리 주변에 있었습니다. 꼭 돈을 사기당하는 것이 아니더라도 사기와 같은 유혹은 늘 있습니다. 자칫 그 말도 안 되는 유혹에 넘어간다면, 우리는 큰 손실을 보고 실패를 경험하거나 어려운 처지에 빠지게 될 것입니다. 하와는 금지된 선악과 나무를 보고 "먹음직도 하고 보암직도 하고 지혜롭게 할 만큼 탐스럽기도 한 나무"라고 말했습니다. 유혹은 늘 먹고 싶고 보기 좋습니다. 마치 대단한 것을 가져다 줄 것처럼 보이지요. 그러나 그 실상은 전혀 그렇지 않습니다. 오히려 그것은 아름다운 것이 아니라 추한 것이며, 우리를 해치고 우리를 망치는 악한 것입니다.

2. 성경 속 유혹 극복의 원리, 생활과 공부에 적용시키면?

사람은 살면서 늘 마땅히 걸어가야 할 좋은 선택과 악한 사탄이 유혹하는 나쁜 선택의 기로에 서게 됩니다. 그 선택의 기로에서 사탄의 유혹에 넘어가 잘못된 길을 선택하게 된다면 그의 삶은 잘못된 인생이 될 수밖에 없습니다. 그 유혹을 잘 이기고 바른 것을 선택하고, 눈앞의 쾌락이 아니라 참된 것을 선택할 때, 우리의 눈을 속이는 거짓된 것이 아니라 진정한 것, 바른 것을 얻게 될 것입니다.

벤자민 프랭클린의 글에 보면 이런 글이 있습니다. 석공이 돌을 깨려고 할 때 똑같은 자리를 100번 정도 두드린다고 합니다. 그런데 100번의 망치질에도 아무런 변동이 없던 돌이 101번째 내리 칠 때 갑자기 두 조각으로 갈라진다는 것이지요. 그것은 101번째 내리치는 것이 강력하거나 특별했기 때문이 아니라 이제까지 100번의 망치질이 있었기 때문에 가능한 일이었습니다.

공부도 마찬가지입니다. 당장 눈앞에 나타나는 결과가 없다고 해도 꾸준히 망치질하며 두드린 시간은 언젠가 결과로 나타나기 마련입니다. 그런데 최종 결실을 향해 수십, 수백 번 망치질하는 중간에 유혹에 빠져서 공부를 망치는 일이 생기곤 합니다. 유혹을 견디고 끝까지 망치질을 계속하며 공부를 할 때만이 좋은 결실을 얻을 수 있습니다.

1. 집중력을 망치는 유혹

유혹이란, '꾀어서 마음을 현혹하거나 좋지 아니한 길로 이끄는 것'을 말합니다. 하와가 뱀의 유혹에 넘어갔듯이 우리 주변에는 많은 유혹들이 있습니다. 그리고 때로 그 유혹을 이기지 못하고 유혹에 넘어가 쓰디쓴 대가를 지불하게 됩니다.

공부에 있어 유혹은 집중력의 독입니다. 따라서 유혹 그 자체가 공부의 독입니다. 유혹을 이겨 내지 못한다'면' 공부는 제대로 할 수 없습니다. 뿐만 아니라 이제까지 참고 공부했던 많은 시간은 낭비가 되고 쌓아 둔 것조차도 허물어지게 됩니다.

2. 유혹 극복의 원리에서 지혜와 공부법을 찾는다면?

분별력을 키워라

유혹 없는 세상은 없습니다. 우리 주변에는 어떤 형식의 유혹이든지 늘 유혹이 있기 마련입니다. 유혹을 전혀 안 받을 수 없다면 유혹에 잘 대처하는 능력을 키우는 것이 중요합니다. 유혹을 대처하는 방법에는 물리치는 것과 적절히 받아들이는 것이 있습니다.

유혹이라 불릴 수 있는 것의 범위는 아주 넓습니다. 인간의 욕구 중 하나인 먹는 것도 중요한 유혹 중 하나입니다. 인간인 이상 식욕을 억제하거나 차단할 수 없습니다. 또 그럴 필요도 없지요. 중요한 것은 너무 과하지 않도록 식욕을 적절히 조절하는 것입니다. 마찬가지로 우리 안에서 또는 주변에서 일어난 유혹들에 대해서 적절하게 또 유연하게 그 유혹들에 대처하는 지혜가 필요합니다.

예를 들어 축구를 너무 좋아하는 학생이 월드컵 시즌 때 단 한 경기도 보지 않고 공부한다면 그리고 좋은 결과를 얻었다면 아주 대단한 일입니다. 반대로 TV에서 중계하는 모든 월드컵 경기를 보느라 공부를 제대로 하지 못했다면 그것은 잘못된 모습이며 실패한 것이라 할 수 있을 것입니다. 그러나 그 학생이 한국전이나 결승전과 같이 꼭 보고 싶은 경기만 절제하면서 시청하고, 그 외 시간에 공부를 열심히 했다면 이것이 실패한 것일까요? 오히려 최소한의 시간을 투자해서 계속해서 떠오르는 경기에 대한 궁금증을 해소하고, 그 후 공부에 집중하는 것이 좋은 선택일 수 있습니다. 유혹에 빠져서 해야 할 일을 하지 못하는 것이나 또 너무 과하게 유혹을 절제하려다 다른 문제가 생기는 것보다는 적절히 유혹을 다스리는 것이 현실적인 대안이 될 수 있습니다.

이때 중요한 것은 '어떤 유혹과 욕구를 어느 정도 선에서 절제하고, 어떻게 잘 다스릴 수 있는가' 하는 것입니다. 유혹에 유연하게 대처하는 차원에서 아주 조금 내준 틈이 삶 전체를 휘몰아가는 결과를 낳을 수 있기 때문입니다. 그래서 자신에게 가해지는 유혹과 타협하거나 이를 받아들이기 전에는 항상 신중하게 생각해야 합니다. 그리고 가능하면 그 문제들을 놓고 주변에 조언을 구하는 것이 좋습니다. 선배나 선생님, 부모님께 자신이 받고 있는 유혹들을 어떻게 다루어 가야 할지를 상담하고 해결책을 찾아보는 것이 유익합니다.

유혹을 승화시켜라

유혹을 효과적으로 극복하려면, 충동적 유혹과 발전적 유혹을 구별할 수 있어야 합니다. 사람이 어떤 것에 유혹을 받는다는 것이 항상 부정적인 것은 아닙니다. 오히려 전혀 유혹을 받지 않는 것이 더 문제일 수도 있습니다. 아무것에도 유혹을 느끼지 못하는 사람은 아무것도 하고 싶은 것이 없는 사람이고, 의욕이나 열정이 없는 사람으로서 아무 일도 하지 않으려는 사람이 될 수도 있습니다.

어떤 유혹은 아주 치명적으로 삶을 망치기도 하지만, 또 어떤 유혹은 삶에 활력을 주고 좋은 방향으로 발전하도록 돕습니다. 예를 들어 마약이나 도박에 대한 유혹은 빠져드는 순간 그의 삶을 망가뜨립니다. 그러나 축구를 하고 싶은 유혹이나 음악을 듣고 싶은 유혹은 적절히 잘 다스리면 체력을 기르는데 도움을 주고 정서적인 안정을 주어 공부에 도움이 될 수도 있습니다. 즉, 결코 하지 말아야 할 유혹들과 잘 다스려야 할 유혹을 구별해서 적절하게 금하기도 하고 때로는 받아들여 긍정적인 방향으로 활용할 수 있어야 합니다.

세상을 보는 눈을 넓혀라

어떤 것에 유혹을 받을 때는 그 유혹이 너무 강렬해서 다른 것을 생각하지 못하고 그것에만 집착하게 되는 경우가 있습니다. 예를 들어 게임이나 오토바이에 빠져서 그것 때문에 공부를 제대로 할 수 없는 사람은 온통 머릿속에 게임이나 오토바이가 들어 있을 것입니다. 계속 머릿속에 게임 장면이 떠오르고 늘 오토바이를 타는 생각만을 하곤 합니다. 또한 그것만이 재미있고 의미 있는 일처럼 생각될 것입니다. 하지만 전혀 그렇지 않습니다. 예컨대 술을 좋아하는 사람은 '술이 없다면 무슨 낙이 있나? 술이 없으면 세상이 아무 재미가 없다'라고 말합니다. 그러나 그런 사람이 결심이나 건강 문제 등의 이유로 술을 끊게 되면, '세상에 술 말고도 더 많은 낙이 있는 것을 알게 되었다'는 고백을 하게 될 것입니다.

게임이나 오토바이가 전부인 것 같지만 사실은 세상에는 더 좋은 것, 더 재미있는 것, 더 발전적인 의미를 가진 것들이 많이 있습니다. 게임이나 오토바이 같은 것이 세상의 모든 것인 듯하고, 가장 의미 있는 것처럼 생각이 든다면, 자신이 심각한 유혹에 빠진 것일 수도 있습니다. 지금 빠져 있는 것들만 바라보지 말고 고개를 들어서 다른 것들을 보고, 세상의 많은 것들을 바라보십시오. 그러면 자신이 빠져 있던 것들이 얼마나 작은 것에 불과한 것인지 깨달을 수 있을 것입니다.

중독에서 벗어나라

유혹을 잘 절제하고 다루지 못하면 그 유혹에 빠져서 중독에 이르게 될 수 있습니다. 중독이란 유해물질인 독에 중독되는 것을 생각할 수 있는데, 알코올, 마약 등의 약물 중독뿐만 아니라 요즈음은 행위 중독도 심각한 문제가 되고 있습니다. 즉 쇼핑 중독, 인터넷 중독, 게임 중독, 스마트폰 중독 등도 마치 약물 중독과 같이 일상생활을 어렵게 하는 심각한 중독으로 취급되고 있습니다.

우리말에 "길이 아니면 가지 말라."라는 말이 있습니다. 중독이 될 만한 것에는 처음부터 아예 가까이하지 않는 것이 좋습니다. 특히 이런 것에 쉽게 빠져드는 사람은 처음부터 그런 것에 관심조차

두지 말고 근처에 발을 들이지 않는 것이 가장 좋은 방법입니다.

그러나 이미 발을 들여서 공부와 생활에 지장을 받을 정도가 되었다면 그 중독에서 벗어날 수 있는 방법을 적극적으로 찾아 노력과 인내를 통해 극복해야만 합니다. 게임 등에 몰두하면 이해력이 저하되고 배외측전두엽, 전대상피질과 기억력에 중요한 기능을 하는 뇌 부위(해마방회)의 부피가 줄어든다고 합니다. 이는 특히 공부하는 학생들에게는 치명적인 일입니다.

유혹 극복을 위한 올바른 행동강령

1. 유혹을 적절히 받아들이고 조절하라

STEP 1 ▶ 분별력을 가지고 유혹을 구별하라

공부하는 과정에서 여러 유혹을 받게 된다. 그런데 이런 모든 유혹을 완벽하게 떨쳐내기란 사실상 어렵다. 따라서 분별력을 가지고 충동적 유혹과 발전적 유혹을 구별해야 한다. 공부를 완전히 망칠 수 있는 심각한 유혹과 공부하면서 쌓인 스트레스를 해소할 수 있는 유혹은 엄연히 다르다. 발전적 유혹은 오히려 적절히 받아들이는 것이 공부에 도움을 주기도 한다.

ㅇ ㅇ ㅇ ㅇ ㅇ

STEP 2 ▶ 유혹을 적절하게 활용하라

유혹을 적절한 선에서 수용하기로 했다면 중요한 것은 수용 정도와 통제 방법이다. 아무리 작은 유혹이라도 그 정도가 지나쳐 공부에 영향을 줄 정도라면 바람직한 일은 아니다. 따라서 유혹을 받아들일 때는, 그 유혹의 수용 정도를 확실하게 정해 두고 그 범위 안에서 자신의 욕구를 통제하는 것이 좋다. 예를 들어 공부하다가 음악을 듣고 싶다면, 딱 졸음이 가시고 머리가 맑아질 정도로만 시간을 정해 두고 들어라. 그리고 자신이 약속한 시간이 지난 후에는 반드시 바로 공부로 복귀할 수 있어야 한다. 유혹을 활용할 줄 아는 사람이 되려면 자신에 대한 통제력을 잃지 않아야 한다.

ㅇ ㅇ ㅇ ㅇ ㅇ

발전적 유혹이 아니라 공부에 방해가 되는 충동적인 유혹은 애초에 아예 접하지 않는 것이 좋다. 예를 들어 공부하면서 수시로 스마트폰을 들여다보는 습관이 있는 학생이라면, 공부하는 책상 위에서 스마트폰을 아예 치워 두는 것이 좋다. 한 번 흐트러진 집중력을 다시 추스르는 것은 너무나도 어렵다.

2. 세상을 넓게 보고 다양한 것에 관심을 기울여라

체크리스트

☐ 평소에 공부나 일상에 영향을 주는 유혹의 요인이 있는지 파악한다.

☐ 강렬한 유혹에 빠져 있을 때는 잠시 하던 일을 중지하고 유혹에 빠져 있는
 자신의 상황을 최대한 객관적으로 돌아본다.

☐ 뉴스나 영화, 책을 통해 자신이 알고 있는 것보다 훨씬 넓은 세상을 자주 접
 한다.

☐ 하나에 몰입하지 말고 평소에 다양한 것에 골고루 관심을 기울인다.

☐ 어느 것에 대한 관심을 넘어 중독이 되지 않도록 자신을 통제·관리한다.

3. 중독에 빠지지 않도록 조심하라

— Tips —

중독의 대처방안: 게임이나 인터넷 중독 등에 대처하는 일차적인 방법은 제한을 하는 것이다. 가정에서라면 컴퓨터에 패스워드를 걸어 놓아서 인터넷이나 게임을 하고 싶은 순간적인 욕구가 생기더라도 물리적으로 불가능하게 하는 것이 좋다. 일단 중독이 되면 자율적으로 조절하는 것이 거의 불가능하므로 타율적인 통제가 필요할 수 있다. 청소년들이 밤시간에 PC방을 이용하지 못하게 하는 정책도 한 방안이 될 수 있다. 한때 청소년 야간 게임 접속 금지가 논의된 바 있는데, 게임 산업을 위해서는 이런 조치가 문제가 되겠지만, 심리적, 환경적으로 취약한 청소년을 보호하는 차원에서 고려해 볼 만하다.

출처: [네이버 지식백과] 인터넷중독 (서울대학교병원 의학정보, 서울대학교병원)

15장

과욕
억제의 원리

.
.
.

과유불급을 명심하라!

주목! 성경 속 이 말씀!

너희가 그것을 먹는 날에는 너희 눈이 밝아져 하나님과 같이 되어 선악을 알 줄 하나님이 아심이니라(창3:5).

1. 성경에서 찾는 과욕 억제의 원리

아담과 하와가 선악과를 먹어 원죄를 짓게 된다는 이야기는 기독교인이 아닌 사람들도 다 압니다. 그런데 이 말씀에는 보통 사람이 잘 알지 못하는 심오한 의미들이 숨어 있습니다. 그중에 하나가 '아담과 하와가 선악과를 먹고 얻게 된(선악을 알게 된) 것이 무엇을 의미하는가?'에 관한 문제입니다.

사람이 선악을 모르면 짐승과 같은 존재가 됩니다. 사람이 가정과 학교에서 교육을 받는 이유 중 하나는 선악을 아는 성숙한 사람이 되기 위한 것입니다. 특히 여러 사람이 함께 살아가는 사회에서 선악을 구분할 줄 아는 것은 굉장히 중요한 가치입니다. 하나님 또한 사람이 선악을 깨우치게 하기 위해서 십계명을 비롯한 여러 가지 계명을 주셨습니다. 그럼 여기서 왜 선악과를 먹고 선악을 알게 된 것이 그렇게 큰 문제가 되고 영원한 형벌 받을 원죄가 되었는가 하는 의문이 남습니다.

이 문제는 "하나님과 같이 되어 선악을 알 줄"이라는 말에서 답을 찾을 수 있습니다. 간단히 말하자면, 하나님이 선악의 기준이 되고 하나님의 말씀을 따라서 선악을 생각하고 판단해야 하는데 사람이 하나님의 위치에 서서 스스로 선악의 기준을 정하는 것을 의미합니다. 그 전에는 하나님이 악하다고 한 것을 악한 것으로 알고 하나님이 선하다고 한 것을 선한 것으로 받아들였는데, 선악과를 먹고 나서는 사람 스스로 선악의 기준을 세우고 하나님과 같이 선악을 스스로 정하는 위치에 서게 되었다는 뜻입니다.

예컨대, 하나님께서 거짓말하고 도둑질하는 것은 악한 것이라 말씀하시고 그렇게 알고 살아가는데 어느 날 "나는 거짓말하고 도둑질하는 것을 악한 것이라 생각하지 않아."라고 말하게 되는 것과 같은 이치입니다. 다르게 말하면 "하나님이 아니라 내가 스스로 선악의 기준을 정할 수 있어."라고 말하는 것입니다. 이것은 하나님을 거역하는 것이자 하나님을 떠나는 행위가 되는 것이고, 스스로 하나님의 위치에 서서 하나님께 도전하는 죄라고 할 수 있습니다.

실제로 성경을 보면 사탄은 아담과 하와에게 '높아지고 싶은 욕심'을 자극합니다. 하나님과 같이 될 수 있다고 유혹하지요. 그러나 결과적으로, 사람은 하나님과 같이 높아지는 것이 아니라 하나님을 거역함으로써 엄청난 형벌을 받게 되고, 하나님이 경고하신 대로 죽음을 안고 살아가는 운명이 되었습니다.

2. 성경 속 과욕 억제의 원리, 생활과 공부에 적용시키면?

아담과 하와에게서 보듯 사람에게 가장 위험한 것 중에 하나가 욕심입니다. 욕심 때문에 사람을 속이거나 물건을 훔치기도 합니다. 마찬가지로 욕심이 공부를 망칠 수 있습니다. 자신의 한계를 알지 못하고 과도한 욕심을 내거나 너무 과도한 계획을 세우면 실패할 수밖에 없고, 결국 나쁜 결과를 얻고 실망하거나 쇠설하게 됩니다.

과욕을 부리지 않으려면 자신에 대해 긍정적인 생각을 하고 또 가진 것에 대해서 감사하는 마음이 먼저 있어야 합니다. 그리고 한꺼번에 대단한 것을 이루려고 하기 보다는 한걸음씩 나아가는 자세가 필요합니다. 모든 것을 바꿔야 한다고 생각하거나 짧은 시간에 성적을 많이 올려야 한다고 생각하는 순간 공부에 심각한 문제가 생길 수 있습니다.

1. 지나침은 언제나 화(禍)

기독교뿐만 아니라 모든 종교나 사상들에서 욕심과 과욕을 아주 엄중하게 경고하고 있습니다. 공자는 "인생의 가장 큰 저주란 목마름이 아니라 만족할 줄 모르는 메마름이다."라고 말했습니다. 불교에서도 "욕심을 버리면 고통이 없다. 욕심은 수많은 고통을 부르는 마구다."라고 합니다. 마찬가지로 공부에서도 과욕을 부리면 큰 화를 불러올 수 있다는 것을 꼭 기억해야 합니다.

특히 욕심 자체도 부정적인 의미가 강한데 과욕은 더 부정적입니다. 욕심은 '정도에 지나치게 탐내거나 누리고자 하는 마음'입니다. 과욕은 '어떤 일이나 사물에 대하여 지나친 욕심'을 뜻합니다. 사람이 어떤 물건이나 목표에 대해서 가지고 싶거나 도달하고 싶은 마음 자체는 나쁜 것이 아닙니다. 오히려 전혀 아무런 욕심이 없는 것이 더 문제가 될 수 있지요. 하지만 여기서 조금 더 나아가서 그것이 과욕이 되면 아주 심각한 문제들을 일으키게 됩니다.

과욕의 폐해

일단 욕심은 가지고 있던 것도 앗아갑니다. 옛말에 "축록자불고토(逐鹿者不顧免)-사슴을 쫓는 자는 토끼를 돌아보지 않는다."라는 말이 있습니다. 너무 큰 것을 얻으려고 과욕을 부릴 때, 그것을 얻기 위해서 많은 것들을 희생하게 되고 결국은 사슴도 얻지 못하고 얻을 수 있는 토끼도 얻지 못하게 될 수 있다는 뜻입니다.

또한 과욕은 무조건 실패합니다. 과욕이라는 단어 자체가 욕심을 부려야 할 것 이상의 것을 얻으려고 한다는 의미를 담고 있듯이 모든 일에서 무리하게 추진하는 일들은 실패할 수밖에 없습니다. 마라톤과 같은 장거리 육상 경기를 보면 '페이스 메이커(Pace maker)'들이 초반에 아주 빠른 속도로 앞서서 달리는 것을 볼 수 있습니다. 다른 선수들을 유도하기 위해서 자신의 능력 밖의 속도로 달리는 것이지요. 경기 중반 이상까지 이 페이스 메이커들이 앞서가면, 이들이 그대로 1등을 할 수 있을 것 같다는 생각이 들기도 합니다. 하지만 그런 경우는 거의 없습니다. 1등으로 달리다가 어느 순간 경기를 포기해 버리게 되지요. 이들은 이미 자신의 능력 이상으로 오버 페이스로 달렸기 때문에 끝까지 달릴 수가 없는 것입니다.

또한 과욕은 몸과 마음이 병들게 합니다. 과욕은 일을 실패로 이끌 뿐만 아니라 큰 후유증도 유발합니다. 중국의 사상가인 한비자(韓非子)는 "욕심이 크면 그 욕심을 채우기 위한 걱정이 생긴다. 걱정이 심하면 병이 되며 병이 나면 정신이 흐려진다. 또한 정신이 흐려지면 생각이 옳지 못해 경거망동을 일삼게 된다. 경거망동은 화근을 불러일으키고 화근은 병을 깊게 만들어 위와 장을 상하게 한다. 결국 욕심 때문에 육체도 정신도 성하지 못하게 되는 것이다."라고 말했습니다. 사람이 어떤 일을 시도했다가 실패하는 것은 스스로에게 아주 큰 상처를 남깁니다. 다시 다른 것을 시도할 힘을 잃어버리게 하고, 전반적으로 소모되는 에너지도 상당합니다. 그래서 작은 성공들을 반복하는 것과 큰 실패를 반복하는 삶의 결과는 엄청난 차이가 있을 수밖에 없습니다.

2. 과욕 억제의 원리에서 지혜와 공부법을 찾는다면?

이처럼 과욕의 폐해는 이만저만이 아닙니다. 공부에 있어서 마찬가지이지요. 하지만 사람은 욕심을 버리기가 쉽지 않습니다. 더 나은 점수, 더 나은 등수, 더 나은 성적을 위한 학생들의 욕심도 끝이 없지요. 물론 사람이 현재에 너무 만족하게 되면 발전이 없습니다. 자신의 부족한 부분들에 대해서 그것을 극복하고 더 좋게 바꾸려고 하는 마음은 필요하고, 어느 정도에서는 삶에 긍정적인 영향을 줍니다.

그러나 그렇다고 해서 자신의 것을 모두 부정적으로 생각하게 되면, 늘 다른 것을 찾게 되고 무리하게 욕심을 부리게 됩니다. 사람이 자신의 가진 것에 만족할 줄 모르는 순간 과도한 욕심을 부리게 되고, 집착하게 되어 무리한 시도를 하게 됩니다. 이러한 결과를 피하려면, 스스로에 대해서 자족하고 자신을 긍정적으로 평가하는 마음이 있어야 합니다. 자신이 현재 가지고 있는 것들을 긍정적으로 바라보는 중에 부족한 것들이 있으면 그중에 몇 가지를 수정하고 발전시키려고 해야지, 모든 것을 한꺼번에 다 바꾸려하면 안됩니다.

공부할 때에도 자신의 현재 성적이나 자신의 능력에 대해서 어느 정도는 인정할 필요가 있습니다. 그리고 자신의 부족한 면만 생각하기보다는 자신의 긍정적인 능력들에 대해서도 생각해야 합니다. 또한 자신이 더 발전하기 위해서 무엇이 필요한지를 생각하고, 작은 부분에서 실천하는 자세가 필요합니다. 그렇지 않고 모든 것을 한꺼번에 바꾸려는 생각은 위험합니다. 짧은 시간에 성적을 많이 올려야 한다고 생각하는 순간 공부에 심각한 문제가 생길 수 있습니다. 이것이 바로 과욕으로 인한 해가 되는 것입니다.

과욕으로부터 벗어나는 방법은?

살면서 사람들은 알게 모르게 과욕을 부리게 되는 경우가 많습니다. 공부할 때도 과욕이 문제가 될 때가 많습니다. 대표적인 것이 시험 대비입니다. 시험공부 계획을 세울 때, 과도한 계획을 세워서 시험공부가 제대로 되지 못하는 경우가 종종 있습니다. 이러한 과욕으로부터 벗어나는 첩경은 처음 계획을 세울 때부터 자신의 계획이 과도한 욕심으로부터 시작된 것이 아닌지를 생각해 보는 것입니다. 그러기 위해서 실현가능성을 냉철하게 따져 보아야 합니다.

실현가능성을 생각하려면 먼저 자신의 능력에 대한 냉철한 평가와 인식이 있어야 합니다. 자신이 가지고 있는 능력이 어느 정도인지를 알아야 냉철한 평가가 가능합니다. 그리고 자신이 남은 기간 얼마나 노력할 수 있는지를 엄격하게 생각해야 합니다. 자신이 100m 달리기의 목표를 세울 때, 평소 10초대를 뛰는 선수는 9초대의 목표를 세울 수 있을 것입니다. 그러나 평소에 20초에 달리는 사람이 9초대의 기록을 목표한다는 것은 애초에 말이 안 됩니다. 이러한 사람은 자신의 수준을 생각해서 15초 정도의 목표를 먼저 세우고, 그에 맞춰 계획을 짜야 할 것입니다. 무리한 계획은 결코 성공할 수 없습니다. 아무리 운이 좋아도 20초 달리는 사람이 갑자기 9초대의 기록을 세울 수는 없는 것입니다. 그리고 그렇게 무리한 계획은 결국 실패로 끝나서 앞에서 말한 대로 상처만 남기게 됩니다.

또한 자신이 평소에 노력할 수 있는 시간과 체력도 고려해야 합니다. 100m씩 달리는 연습을 하루에 15시간을 하겠다든지, 매일 40km를 달리겠다는 식으로 자신이 할 수 없는 계획을 세우면 안 됩니다. 이런 계획은 어차피 실패할 수밖에 없습니다. 물론 사람에 따라서 엄청난 훈련이 가능한 사람도 있겠지만, 과연 자신이 그렇게 할 수 있는 사람인지도 생각해야 합니다. 어차피 공부에 집중할 수 있는 시간과 체력은 한정적입니다. 그래서 실현 가능한 계획표를 짜는 것이 무엇보다 중요합니다. 비록 그 계획이 작고 대단한 것이 아니어도 그것을 꾸준히 실천해서 그 목표를 달성하는 것이 과도한 계획을 세워서 실패하는 것보다 훨씬 값진 의미가 있습니다.

실현 가능한 작은 계획을 이루고 난 뒤에 한걸음 더 나아가는 계획, 조금 더 큰 계획을 세우고 또 그것을 이루어 내는 과정을 반복해야 합니다. 그러면 비록 작은 계획에서 시작했더라도 그가 할 수 있는 최선의 결과를 얻을 수 있게 될 것입니다.

과욕 억제를 위한 올바른 행동강령

1. 자신의 능력과 실행력을 고려해서 계획하라

`STEP 1 ▶` **자신의 능력의 한계를 정확히 파악하라**

자신이 가진 능력이 어느 수준인지 정확히 알아야 한다. 특히 시험 대비처럼 준비 기간이 한정적인 공부를 해야 할 때는 반드시 자신에 대한 점검이 선행되어야 한다. 자신의 현재 학업 이해도 및 수준이 어느 정도인지를 비롯해서 암기력과 집중력, 이해력 등 학업적 역량에 대해서도 최대한 객관적으로 판단할 수 있어야 한다. 만약 혼자서 판단이 어려운 경우에는 부모님이나 학교, 학원 선생님에게 도움을 구해 보자.

○ ○ ○ ○ ○

`STEP 2 ▶` **자신이 투자할 수 있는 시간, 노력의 총량을 먼저 구하라**

계획을 효과적으로 달성하려면 목표에 따른 디데이(D-Day)를 설정해 두고, 당일까지 공부할 수 있는 시간을 얼마나 확보할 수 있는지 계산해가며 공부해야 한다. 시간 활용을 잘하는 학생들은 오가며 생기는 자투리 시간, 수업과 수업 사이에 쉬는 시간까지를 포함해 알뜰하게 시간 계획을 세운다. 이때 단순히 산술적인 시간뿐 아니라 자신이 현실적으로 집중할 수 있는 시간 등 노력이 가능한 부분까지 함께 고려해 총량을 구해야 한다. 하루 10시간을 확보할 수 있다고 해도, 10시간을 내리 집중할 수 있는 것은 아니기 때문이다.

○ ○ ○ ○ ○

STEP 3 ▶ 앞서 두 가지를 고려해 실현 가능한 계획을 수립하라

자신의 능력과 투자 가능한 시간, 노력에 대한 판단이 끝났다면 이 두 가지를 함께 고려해서 실현 가능한 계획을 수립해야 한다. 계획을 수립할 때는 오전, 오후 단위, 일일 단위, 주간 단위, 월간 단위로 나눠서 단계별로 계획을 세우는 것이 좋다. 그래야 단계별로 차곡차곡 계획을 달성해 가면서 과도한 욕심을 부리는 것을 방지할 수 있다. 또한 계획 중간 중간에 본 계획에 차질이 생겼을 때를 대비하여 이를 보충할 수 있는 별도의 시간을 마련해 두는 것이 좋다. 예를 들어 주중은 계획한 것을 공부하는 시간으로, 주말은 주중에 실천하지 못한 계획을 보완하는 시간으로 두어라.

2. 자신에 대해서 긍정적인 평가를 하고 감사하는 마음을 가져라

 체크리스트

☐ 자신 혹은 자신이 가진 것에 대해 긍정적인 마음가짐을 갖는다.

☐ 한꺼번에 대단한 것을 이루려고 하지 않는다.

☐ 자신이 결과를 내는데 부정적인 영향을 미친 요소나 환경적 제약에 대해 생각해 보고, 그러한 와중에 자신이 한 노력에 대해 스스로 높이 살 줄 안다.

☐ 자신이 잘해 온 점, 자신이 일궈낸 성과에 대해 평가하는 시간을 갖는다.

☐ 작은 것이라도 변화를 보였거나 성과를 낸 부분을 단계별로 기록해 두고 자주 상기하며, 동기가 유발되도록 한다.

3. 큰 계획에 도전하기보다 작은 계획들을 이루어 내라

— Tips —

① 수치화된 목표 점수, 목표 등수에 집착하지 않는다.

② '이 단원에서 출제된 내용의 문제는 모두 맞히겠다'와 같이 구체적이고 세분화된 목표를 세운다.

③ 자신이 설정한 목표를 이루어 냈을 때는 본인에게 분명하고 확실한 보상을 준다.

④ 목표를 설정할 때는 기존의 목표 달성률을 고려한다. 목표 달성률이 높은 편이라면 보다 높고 어려운 목표를 세우고, 목표 달성률이 낮거나 기대 이하라면 조금 더 쉽고 낮은 목표를 세워라.

⑤ 처음부터 최종 목표를 노리지 말라. 최종 목표를 달성하기까지 자신만의 로드맵을 갖고 그에 따라 세부 목표를 여러 개 세운 뒤 한 단계, 한 단계씩 밟아 나가려는 마음가짐을 갖는다.

16장

정보 선별과
활용의 원리

. . .

정보를 맹신하지 말라!

판단력을 키워라!

주목! 성경 속 이 말씀!

아담이 이르되 하나님이 주셔서 나와 함께 있게 하신 여자 그가 그 나무 열매를 내게 주므로 내가 먹었나이다 여호와 하나님이 여자에게 이르시되 네가 어찌하여 이렇게 하였느냐 여자가 이르되 뱀이 나를 꾀므로 내가 먹었나이다(창 3:12-13).

1. 성경에서 찾는 정보 선별과 활용의 원리

아담과 하와가 선악과를 먹어서 하나님께 범죄하고 인류는 하나님의 저주와 원죄 속에 살게 되었습니다. 그런데 이런 원죄를 말할 때 하와의 잘못이 더 커 보이지만, 성경에는 아담의 이름이 더 많이 언급됩니다(롬 5:14; 호 6:7).

물론 아담이 그 원죄에 더 큰 잘못을 했다는 의미이기보다는 아담이 인류의 대표 의미이기 때문에 '아담의 범죄'로 표현되는 측면이 일부 있지요. 그럼에도 불구하고 성경은 분명히 이를 아담의 범죄로 말하고 아담이 언약을 어겼다고 하며 아담의 죄로 규정합니다. 하와가 유혹에 빠지고 또 아담에게 죄를 짓도록 유도한 면이 있지만, 아담의 죄에 대한 책임을 묻고 있다는 것을 생각해 볼 필요가 있습니다.

하와가 죄를 범하게 된 경과를 보면, 앞에서 언급한 욕심과 유혹이라는 측면 외에 그가 잘못된 정보를 받아들인 측면도 있습니다. 죽음에 이르게 하는 선악과를 하나님처럼 높아지는 열매라는 잘못된 정보로 받아들인 것입니다. 아담도 하와의 잘못된 정보를 받아들여서 선악과를 받아먹었을 것입니다. 그리고 그 결과 둘 다 죽음에 이르는 형벌을 받게 되었지요.

이런 면에서 우리가 잘못된 정보를 듣고 그것을 받아들이게 될 때 아주 끔

찍한 결과를 얻을 수 있다는 것을 생각해 볼 수 있습니다. 사람들은 아주 많은 정보들 속에 살아갑니다. 특히 현대에는 더 많은 정보들이 있습니다. 그중에는 유익하고 올바른 정보도 있고, 또 거짓되고 우리를 해치는 정보들도 있습니다. 좋은 정보를 잘 얻고 선택하면 좋은 결과가 있지만, 잘못되고 거짓된 정보를 받아들이게 되면 아주 비참한 결과를 얻을 수 있습니다.

2. 성경 속 정보 선별과 활용의 원리, 생활과 공부에 적용시키면?

주변에서 또는 동료나 친구들이 주는 잘못된 정보에 현혹되거나 흔들리게 되면 자칫 큰 실수를 하게 되거나 좋지 못한 결과를 얻을 수 있다는 것을 생각해야 합니다. 친구로부터 받은 정보가 잘못된 정보라고 해서, 혹은 자신은 그것이 잘못된 사실을 몰랐다고 해서 결과가 달라지진 않습니다. 설사 잘못된 정보인지 모르고 받아들였다고 해도 그 결과는 잘못된 정보를 건네 준 사람과 똑같이 나눠지게 됩니다. 결국 정보를 받아들이는 사람 스스로 분별력을 가지고 정보를 선별적으로 받아들이려는 노력을 해야 하는 것이지요.

항간에 무의미하게 떠다니는 자료가 진짜 정보로서 가치가 있으려면, 자료를 정리하고 가공하는 노력이 더해져야 합니다. 가공되지 않은 자료는 정보로서 아무 의미나 가치도 없습니다. 좋은 정보라는 것은 좋은 자료가 목적에 맞게 잘 가공되고 정리된 것이라 할 수 있습니다. 공부를 하는 과정에서 얻게 되는 자료들도 마찬가지입니다. 자료의 유용성에 대해 스스로 판단을 내리고, 그 자료를 분석하고 가공하는 노력까지 더해져야 비로소 정보로서 가치가 있게 되는 것입니다.

1. 자료와 정보의 차이

정보란 '관찰이나 측정을 통하여 수집한 자료를 실제 문제에 도움이 될 수 있도록 정리한 지식이나 또는 그 자료'를 말합니다. 또한 자료, 즉 데이터(Data)를 특정 목적에 맞게 도움이 되도록 가공하거나 편집한 것을 말하기도 합니다. 이 정보를 더욱 고도로 가공하거나 편집하여 보편화한다면 그것이 지식(知識)이 되고, 지혜(智慧)가 됩니다.

반면에 '자료(Data)'는 가공되지 않은 상태의 다양한 것들을 이르는 말로, 연구나 조사의 바탕이 되는 것을 말합니다. 풀어 말하면 특정 주제에 대한 사실들을 관찰이나 측정을 통해 모아놓은 것으로 주제에 따라 다양해집니다. 자료는 그 자체로는 그저 떠다니는 재료에 불과합니다. 자료를 목적이나 분류에 맞게 모아서 가공하고 편집하는 노력이 더해져야 유용하고 의미 있는 정보가 됩니다.

자료를 연구하는 학자가 아닌 일반인에게는 대개 자료보다 정보가 더욱 가치가 있습니다. 자신에게 주어진 다양한 자료를 무의미하게 받아들이지 말고, 스스로 그 자료의 가치에 대해 판단하고, 필요한 자료만 모아 취사선택할 수 있어야 합니다. 그것이야말로 자신에게 필요한 '정보'가 되는 것입니다.

정보화 사회

현대 사회를 규정하는 가장 중요한 단어 중에 하나가 '정보화 사회'라고 할 수 있습니다. 정보화 사회는 다양한 정보의 생산과 전달을 중심으로 전개되는 탈공업화 사회를 대표하는 말입니다. 통신 분야에서는 컴퓨터나 멀티미디어를 활용하여 자료를 처리합니다. 따라서 현대 정보화 사회에서 필요한 전략적 자원은 유형적인 것이 아니라 지식과 지적 기술이 주요한 기능이 됩니다.

실제로 인터넷이 없던 시대와 현대 인터넷으로 많은 정보들이 쏟아지는 시대는 많은 부분에서 큰 차이를 보입니다. 현대 사회는 무한한 정보의 세계 속에서 쉽게 다양한 정보들을 얻을 수 있습니다. 또한 지역적인 거리를 뛰어넘어 세계가 하나로 연결되어 서로의 정보를 공유하고 영향을 주고받는 사회로 나아가고 있습니다.

정보화 사회는 많은 긍정적인 면을 갖고 있고 앞으로 어떻게 발전되어갈지에 대한 기대가 있지만 반면에 정보화 사회의 여러 가지 문제점들도 생겨나고 있습니다. 정보가 무한대로 쏟아지는 것은 좋은 것이지만 그중에는 잘못된 정보들도 많고 정확하지 않은 정보들도 많습니다. 특히 인터넷을 통한 정보를 제대로 통제하고 관리할 수 있는 시스템이 없는 상태로 보는 것이 옳습니다. 또 해킹이나 바이러스 등으로 인한 정보의 침해와 오염도 있을 수 있습니다. 그래서 현대 정보화 시대에서는 정보도 많지만 잘못된 정보도 그 전보다 훨씬 많아졌다고 할 수 있습니다. 이에 따라 과거에 비해 잘못된 정보들을 통해서 손해를 보거나 피해를 볼 가능성도 많아졌다고 할 수 있습니다.

2. 정보 선별과 활용의 원리에서 지혜와 공부법을 찾는다면?

정확한 정보의 중요성

현대 사회에서는 정보를 잘 분별해서 취사선택하는 지혜가 필요합니다. 학업은 물론 복잡한 입시제도에서 정확하고 좋은 정보를 얻을 수 있다는 것은 매우 중요합니다. 요즘은 많은 정보를 인터넷에서 구합니다. 학교 과제에 대비해 보고서 등을 써야 할 때나 입시와 관련해 인터넷에 올라온 다양한 정보를 접할 때 등이 해당됩니다. 그런데 만약 이런 상황에서 잘못된 정보를 '참'이라고 믿게 되면, 큰 낭패를 볼 수 있습니다. 학업, 입시와 관련된 정보를 구할 때는 특히 자신의 손에 들어 온 정보가 정확하고 확실한 정보인지 꼭 확인할 필요가 있습니다.

위스콘신 대학의 자료에 의하면, 인터넷 상에서 얻게 되는 정보들을 판단하기 위해서 "저자, 날짜, 도메인, 사이트 디자인, 글쓰기 스타일"이라는 6가지 항목을 점검해 보아야 한다고 합니다. 이것이 완전한 시금석이라고는 할 수 없겠지만 참고할 만한 가치가 있는 기준이어서 소개합니다.

1. 저자: 인터넷 자료에 등록된 저자를 먼저 보아야 한다. 저자가 누구인가에 따라서 그 정보의 신뢰도를 측정할 수 있다.
2. 날짜: 인터넷 자료에서 작성된 날짜는 아주 중요한 의미가 있다. 급변하는 시대에 너무 오래된 자료들은 잘못된 정보일 수 있다.

3. 출처: 자료의 출처를 분명히 밝히고 있는지가 중요하다. 학술논문처럼 출처가 분명할수록 신뢰도가 높아진다.

4. 도메인: [com] [org] 및 [net]과 같은 일부 도메인은 모든 개인이 구입하여 사용할 수 있다. 그러나 도메인 [edu]는 대학 및 대학을 위해 제공되고, [gov]는 정부 웹 사이트에서 사용된다. 이 두 가지 정보는 다른 것들보다 대체로 신뢰할 수 있는 출처라 할 수 있다.

5. 사이트의 디자인: 매우 주관적일 수 있지만, 잘 디자인된 사이트는 그렇지 못한 사이트보다 신뢰성 있는 정보를 준다고 볼 수 있다.

6. 글쓰기 스타일: 철자법과 문법이 나쁘다는 것은 그 사이트가 신뢰할 수 없다는 것을 나타내기도 한다.

위스콘신 대학의 자료에는 위의 기준과 함께 의심이 가는 정보는 공신력 있는 다른 매체(백과사전, 도서)등을 이용해서 교차 비교해 확인할 필요가 있다고 조언합니다.

정보 정리의 기술

인터넷의 풍부한 정보든, 어떤 특정 매체의 자료와 정보든, 중요한 것은 자신이 그 자료와 정보를 제대로 분류하고 정리하는 노력을 더했느냐입니다. 잘 정리되어 있는 정보만이 효과적으로 사용 가능하며 우리에게 유용하기 때문입니다. 정보 정리에 대한 기술을 참고해서 주어지는 자료와 정보들을 내가 꺼내 쓸 수 있는 정보로 만들어야 할 것입니다.

1. 아날로그 지식인 입문서부터 공부하라. 기초 지식이 있어야 인터넷 정보를 취사선택할 수 있다.

2. 자신이 찾는 정보의 레벨을 정하고, 그 레벨을 넘어서는 정보는 버려라. 아무리 우수한 정보라 하더라도 자신이 처리할 수 없는 정보는 무용지물이다.

3. 흥미로운 정보라도 당장 필요 없는 정보는 과감히 지나쳐라. 지금 사용하지 않는 정보는 나중에도 사용하지 않을 가능성이 높다.

4. 정보는 최대한 집약해 저장하라. 일이든 공부든 한 가지에 전념할 때는 집약된 정보를 토대로 철저하게 사고하는 과정이 필요하다. 정보가 감당할 수 없이 많으면 생각을 정리하는 일 자체가 어려워진다.

5. 인터넷 검색 항목에서 제시된 내용 중 3페이지 뒤로는 버려라. 2, 3페이지 이후부터는 제목만 다르고 내용은 같은 경우가 많다.

6. 가장 최근에 사용한 파일을 맨 앞에 놓는 방식으로 정보를 정리하라. 정보를 순차적으로 밀어내면 가장 가까운 곳에 가장 최근에 사용한 서류나 파일이 놓이게 된다. 오래되어 거의 사용하지 않는 정보는 자연스럽게 뒤로 밀려나게 된다.

7. 수집한 정보는 반드시 글로 정리해 하나의 작품으로 만들어라. 자신이 원하는 작품을 완성하면, 작품에 들어간 정보들은 컴퓨터에서 삭제해도 된다. 하나의 작품이 만들어지면서 컴퓨터에 분산되어 있던 정보들이 정리되는 것이다.

8. 정보를 버릴 때는 '중요하냐, 아니냐'가 아닌 '지금 필요하냐, 아니냐'를 우선으로 따져서 버려라.

9. 주제별로 폴더를 만들라.

정보의 선별과 활용을 위한 올바른 행동강령

1. 유익한 정보를 확보하라

STEP 1 ▶ 신뢰성이 담보되어야 한다

주어진 정보가 정확한 근거에 의해 제공되었는지를 확인 점검하여야 한다. 개인은 물론 어떤 단체나 심지어 매스컴이라고 하여도 신뢰하기에 충분한 근거에서 나온 것인지를 확인하여야 한다.

∘ ∘ ∘ ∘ ∘

STEP 2 ▶ 무분별하게 접근하지 말라

나에게 필요하거나 부합한 정보가 아니라면 오히려 해가 될 수 있다. 이곳저곳을 날아다닌다는 "from fly to fly"는 일부 책에서 다방면에 관심이 있는 팔방미인이라 표현되어 있기는 하지만, 제대로 하나도 모르는 것을 지칭하는 것임을 알아 두어라.

∘ ∘ ∘ ∘ ∘

STEP 3 ▶ 고급, 최신 성보에 접근하라

가치가 높고 미래지향적인 최신 정보를 가까이 할 수 있는 기회를 찾아라. 요즘은 정보의 개방성이 높아져 있다. 발품을 팔아 찾아가 보거나 주변 사람들의 도움을 받아서라도 활용가치가 높은 정보를 가능한 많이 확보하라. 이것은 큰 투자 없이 얻을 수 있는 유·무형적인 큰 자산이 될 것이다.

2. 정보들이 정확하고 좋은 정보인지 분별하라

 체크리스트

☐ 자료의 저자가 분명하고, 믿을 만한지 점검한다.

☐ 인터넷에서 자료를 찾을 때는 원 자료의 작성 날짜를 확인하는 습관을 들인다.

☐ 출처가 불분명한 자료는 되도록 활용하지 않는다.

☐ 신뢰할 수 있는 기관, 단체에서 낸 자료를 주로 활용한다.

☐ 조악한 디자인의 사이트나 철자나 문법 등 기초적인 부분에서 오류가 많은 곳에서 자료를 수집하지 않는다.

3. 정보를 내가 사용할 수 있도록 정리하라

— Tips —

① 정보를 구별할 수 있는 눈을 키우는 것이 먼저다. 아주 기초적인 것조차 인터넷에서 찾아 해결하려고 하지 않는다.

② 자신에게 필요한 정보와 불필요한 정보를 구별해, 불필요한 정보는 과감하게 버릴 수 있어야 한다.

③ 원 자료 그대로 수집하기보다 편집, 가공의 노력을 들여 최대한 집약적으로 정보를 관리해야 한다.

④ 정보를 수집, 저장하는 방식도 신경 써야 한다. 날짜순으로 정리하는 방식을

추천한다.

⑤ 수집한 정보는 반드시 나만의 방식으로 재가공하는 것이 좋다.

⑥ 자신만의 분류 기준을 두고, 수집한 정보를 분류해 저장해 두면 도움이 된다.

17장

노력·의지의
원리

노력 없이 얻은 것은
결국 자신의 것이 아니다!

주목! 성경 속 이 말씀!

아담에게 이르시되 네가 네 아내의 말을 듣고 내가 네게 먹지 말라 한 나무의 열매를 먹었은즉 땅은 너로 말미암아 저주를 받고 너는 네 평생에 수고하여야 그 소산을 먹으리라(창 3:17).

네가 흙으로 돌아갈 때까지 얼굴에 땀을 흘려야 먹을 것을 먹으리니 네가 그것에서 취함을 입었음이라 너는 흙이니 흙으로 돌아갈 것이니라 하시니라(창 3:19).

예수께서 그들에게 이르시되 내 아버지께서 이제까지 일하시니 나도 일한다 하시매(요 5:17).

우리가 너희와 함께 있을 때에도 너희에게 명하기를 누구든지 일하기 싫어하거든 먹지도 말게 하라 하였더니(살후 3:10).

1. 성경에서 찾는 노력·의지의 원리

사람은 열심히 일을 해야 합니다. 이것이 하나님의 교훈이고 예수님의 말씀입니다. 그런데 아담과 하와의 선악과 범죄 이후에 그 일이 더 힘들어졌습니다. 죄를 저지른 사람에게 하나님의 형벌이 주어졌는데, 힘들게 일해야만 먹을 것을 얻을 수 있게 되었기 때문입니다. 아담의 범죄 이전에도 사람은 일을 했지만 그때와는 상황이 달라졌습니다. 땅이 저주를 받아서 힘들게 노동해야 먹을 것을 얻을 수 있게 되었고, 또 얼굴에 땀을 흘려야 먹을 것을 얻을 수 있게 되었습니다. 그래서 아담 이후의 사람들은 모두 땀을 흘려 힘들게 일해야 살 수 있게 되었습니다.

하지만 예수님께서 이 땅에 오시고 십자가에서 우리의 죄를 대속하셨기 때문에 우리는 이런 원죄의 굴레에서 본래의 모습을 바라보며 살 수 있게 되었습니다. 죽어서 천국에 가면 현재 이 땅에서와 같은 고통의 노동은 없을 것입니다. 물론 그곳에서도 하나님께서 하셨던 것과 같이 해야 할 일이 있겠지만, 고통과 괴로운 노동이 아닌 즐기는 일이고 기뻐하며 하는 일일 것입니다.

예수님의 십자가 죽음과 대속의 의미는 다시 에덴으로 돌아가 하나님 나라(천국)를 회복하는 것입니다. 예수님의 사역을 따라서 그리스도인들은 타락한 이 세상을 온전한 하나님 나라의 모습으로 바꾸어 가야 할 임무가 있습니다. 모든 영역에서 하나님 나라의 모습이 회복되도록 해야 하며, 일과 공부에서도 타락과 저주의 모습을 벗어버리고 새롭게 만들어 가야 할 사명이 있는 것입니다.

2. 성경 속 노력·의지의 원리, 생활과 공부에 적용시키면?

대부분의 사람들은 생활을 위해 열심히 일하며 살고 있습니다. 재미있고 쉽고 편한 일은 거의 없기 때문에 힘들게 땀흘리며 삽니다. 이런 측면에서 보면 공부도 마찬가지입니다. 대부분의 학생들이 잠 못 자고 하고 싶은 것을 참으며 힘들게 공부합니다. 그래야지 어느 정도 공부의 열매를 얻을 수 있기 때문입니다. 그것이 선악과를 먹어 죄를 저지른 사람의 운명이라 할 수 있을 겁니다.

하지만 우리의 일이 고통스러운 일이 아니라 기쁨으로 하는 일이 되고, 또 괴로움이 아니라 즐길 수 있는 일이 되도록 노력해야 합니다. 그래서 공부할 때도 괴롭고 고통스럽게 하기보다는 가능하면 즐거운 공부가 될 수 있도록 노력할 필요가 있습니다. 하지만 그보다 앞서 중요한 것은 열심히 해야 한다는 것입니다. 하나님 또한 일하시는 데 나 역시 일하고 공부한다는 마음자세가 필요하지요. 일하지 않고 뭔가를 얻으려 해서는 안 됩니다. 열심히 성실하게 일하고 공부해야 합니다. 이것이 예수님을 믿는 사람들이 가져야 할 모습입니다.

1. 노력과 의지

노력(努力)이란, '목적을 이루기 위하여 있는 힘을 다해 부지런히 애를 씀'을 뜻합니다. 이와 뜻이 비슷한 동음이의어가 있습니다. 바로 '일할 노(勞)'자를 써서 '힘을 다해 일함'이라는 뜻을 가진 노력(勞力)입니다. '힘쓸 노(努)'자를 쓴 노력(努力)과 거의 같은 의미가 되는데, 노력(努力) 또한 힘을 다해야만 가능한 것이기도 합니다. 사람이 어떤 목적을 이루려면 힘을 다해서 일해야만 합니다. 힘써서 노력하지 않고 이루어지는 일은 없기 때문입니다. 특히 공부에서 힘들이지 않고 좋은 결과를 얻을 수 없습니다. 경쟁자로 천재는 두렵지 않으나 노력하는 천재는 두렵습니다. 왜냐하면 노력하지 않는 천재는 금방 한계를 드러내기 때문입니다.

한편 의지란 '어떤 일을 이루고자 하는 적극적인 마음. 어떠한 목적을 실현하기 위한 의식적인 노력'을 뜻합니다. 의지력이란 목표가 무엇이었는지 상기하는 능력입니다. 자신의 감정에 휩싸이지 않고 해야 하는 일에 집중하며 내면의 생각이나 감정을 통제하는 것, 즉 유혹 같은 방해 요소들을 통제하는 힘을 뜻합니다. 흔히 '의지가 굳다'는 말을 하는데, 목적한 것을 물러서거나 포기하지 않고 이루어 내는 것을 뜻합니다. 이런 강한 의지력을 가진 사람은 목표에 도달할 가능성이 높습니다. 이와 반대로 의지력이 약하여 독자적인 결단을 내리거나 인내하지 못하는 것을 '의지박약(意志薄弱)'이라고 합니다. 의지가 약하면 아무리 머리가 좋고 능력이 있어도 쓸모없게 되는 경우가 많습니다. 아무래도 이런 사람이 뭔가를 이루어 낼 가능성은 적습니다.

삶 속의 의지와 노력

'도끼를 갈아서 바늘을 만들다.'는 뜻의 마부작침(磨斧作針)이라는 말이 있습니다. 중간에 포기하지 않고 의지를 가지고 끝까지 노력하는 사람은 무엇이든지 할 수 있다는 것이지요. 마침 영어에도 비슷한 표현이 있습니다.

Will is power. Slow and steady win the game.

꾸준함과 목표를 향한 의지가 필요하다는 말입니다. 꾸준히 한다는 것은 의지력을 갖고 쭉 노력한다는 것입니다. 최종적으로 '습관화'되는 것을 의미하는 것을 뜻합니다. 공부에서 꾸준히 노력하는 것과 목표를 향한 의지보다 더 중요한 것은 없습니다. 노력과 의지가 있다면 무엇이든 할 수 있습니다.

2. 노력·의지의 원리에서 지혜와 공부법을 찾는다면?

의지력 키우기

공부에 있어서 무엇보다 노력과 의지가 중요한데, 다행히 의지력은 키우고 발전시킬 수 있는 방법이 있습니다. 아래에 소개하는 방법으로 훈련해서 더 강한 의지력을 가지고 꾸준히 노력할 수 있기 바랍니다.

> 1. 심호흡하기(천천히 숨쉬기): 심호흡을 하면 심장박동수가 내려가고 차분해진다. 별것 아니라 생각할지 모르지만 아주 중요하다. 차분한 마음은 의지력을 강화시킨다.

2. 자책하지 않기(죄책감 갖지 않기): 자신에 대한 걱정과 원망은 본인에게 독이다. 이것 역시 심리적인 안정과 관련된 것이다. 마음이 불안하고 안정되어 있지 않으면 차분하고 꾸준한 노력도 요원해진다.

3. 매일의 계획을 세우고 점검하기: 목표 완성은 의지력과 절제력을 높여 준다. 많은 것을 하려 하지 말라. 의지력은 작은 것들을 이루어내는 경험으로부터 키워진다고 할 수 있다. 노력해서 그 목표를 성취하는 경험을 하는 것이 중요하다.

4. 자신의 의지력을 확인하기: 계속해서 의지력을 상기하고 다잡다 보면 자연스럽게 의지력이 길러진다. '아버지의 복수를 잊지 않기 위해서 가시 많은 거친 나무 위에서 자고 쓰디쓴 쓸개를 먹는다.'는 와신상담(臥薪嘗膽)처럼 매일 자신의 의지를 되새겨야 한다.

5. 대뇌 자극을 통한 의지력 강화 훈련하기: 명상이나 일반적인 육체 운동이 도움이 된다. 또 규칙적인 산책도 도움이 될 수 있다.

6. 스트레스를 관리하고 운동해 건강한 신체 갖기: 건강하지 못하면 의지력이 좋을 수 없듯이 반대로 건강상태가 좋으면 의지력이 높아진다.

의지력 높이는 공부법

중요한 공부부터 먼저 해야 합니다. 의지력은 무한한 것이라고 생각하기 쉽지만 실상은 그렇지 않습니다. 심리학자 로이 F. 바우마이스터에 의하면, 별로 중요하지 않은 것을 위해 자기 통제를 하는데 과도한 의지력을 쏟아 붓고 나면 어느 순간 의지력이 고갈되어 급격히 자기 통제가 무너진다고 합니다. 초반에는 목표를 잘 지켜나가다가 어느 순간 자포자기 상태로 지내거나, 급격하게 다이어트에 성공했지만 곧 이어서 폭식증에 빠져버리는 것이 대표적인 예입니다. 그렇기 때문에 중요한 일을 먼저하고 그 중요한 일을 이루는 데 의지력을 집중하는 것이 필요합니다. 그렇지 않으면 불필요한 데 의지력을 다 소진하고 정작 중요한 일을 하지 못하게 되는데 그럴 때 의지력도 함께 떨어지게 됩니다. 공부하는 학생의 경우는 공부 외에 다른 것들에 의지력을 소모시키는 일이 없도록 주의해야 합니다. 공부할 것이 여러 가지가 있을 때는 가장 급하고 중요한 것을 먼저 해야 합니다. 그렇지 않으면 정작 시급히 해야 할 공부를 못하게 되어 낭패를 볼 수 있습니다.

또한 작은 것부터 극복하려고 노력해야 합니다. 작은 유혹은 큰 유혹을 물리칩니다. 바우마이스터의 실험 결과에 의하면, 의지력 훈련을 할 때는 작고 일상적인 훈련 과제를 통해 자기를 관찰하도록 하는 것이 효과적이라고 합니다. 작은 유혹들을 이겨 내고, 작은 도전에 성공함으로써 더 큰 것에 도전할 의지가 생겨나게 마련입니다. 작은 목표를 달성하고 더 큰 목표를 향해 한 걸음씩 나아가는 것이 끝까지 의지력을 유지하며 공부할 수 있는 비결입니다.

끊임없이 동기를 부여하는 것도 중요합니다. 동기를 정하고 항상 되뇌며 실행하는 경험을 하는 것이지요. 의지력은 동기가 강할 때 더 강화됩니다. 앞에서 말한 와신상담(臥薪嘗膽)의 부차는 아버지의 원수를 갚으라는 유언과 원수에 대한 적개심 때문에 더 강한 의지를 갖게 됐습니다. 마찬가지로 공부를 할 때에도 공부를 열심히 하고 좋은 성적을 얻어야 할 분명한 동기를 만드는 것이 필요합니다. 학문 연구를 통해서 사회에 기여하고 싶다든지, 성공해서 부모

님께 효도를 하고 싶다든지, 정치인이나 법관이 되어서 올바른 사
회를 만들겠다든지 무엇이든 좋습니다. 자신 스스로 분명한 목표와
동기를 부여하고 그것을 늘 되뇌며 실행할 때, 의지력이 더 강해질
것입니다.

의지력을 높이기 위한 올바른 행동강령

1. 작은 것부터 이루어 내어서 성취감을 얻어라

STEP 1 ▶ 쉽고 소소한 목표를 세워라

처음부터 어려운 것에 도전하기보다는 쉽고 소소한 목표부터 세워서 달성하는 것이 중요하다. 가장 먼저 생활습관부터 변화시켜 보자. 예를 들어 '2주 동안 바르게 앉도록 노력하기' 혹은 '평소 식습관은 유지한 채 먹은 음식물을 기록하기'와 같은 작은 훈련부터 시작하면 효과적으로 의지력을 유지하거나 키워갈 수 있다.

○ ○ ○ ○ ○

STEP 2 ▶ 작은 목표를 단계별로 세워라

공부를 할 때도 작은 목표를 단계별로 많이 세우는 것이 좋다. 한 목표를 달성하였을 때, 바로 이어갈 다음 목표를 설정해 두는 것이다. 각각의 목표를 하나하나 달성하는 것보다 단계적으로 이어진 목표를 연이어 차례차례 달성할 때 훨씬 큰 성취감을 느낄 수 있다. 또한 체계적인 공부를 하는 데도 도움을 준다.

○ ○ ○ ○ ○

STEP 3 ▶ 목표 달성을 습관화하라

'어쩌다 잘 되면 달성하고, 아니면 실패'하는 목표는 의미가 없다. 일단 이루기 쉬운 목표를 여러 개 설정해 놓고, 매번 목표를 이룬 성취감을 느껴보자. 이런 식으로 목표를 달성하는 것 자체를 습관화하다보면 의지력이 길러지고, 자기 통제의 힘도 강해진다. 나중에는 목표를 세워 놓고 이를 달성하지 않는 것을 스스로 견딜 수 없게 될 것이다.

2. 중요하고 피드백이 빠른 것부터 하라(꾸준히 하기 위해)

 체크리스트

☐ 일의 중요도를 고려해 우선순위를 정한다.

☐ 시급한 일은 주저하지 말고 바로 시작한다. 계획을 세우느라 시간만 허비하는 것은 아예 시작하지 않은 것과 다름없다.

☐ 하루 이틀 목표한 대로 움직이지 못했더라도 좌절하지 않고 계속해서 이어간다. '하루도 빠짐없이'라는 조건에 집착하지 않는다.

☐ 처음 세운 목표는 일의 경과에 따라 수시로 수정한다. 내가 하는 과정이 지체되고 있음에도 불구하고 목표가 그대로일 경우 쉽게 포기하고 싶은 마음이 든다.

☐ 어떤 일을 할 때는 다른 불필요한 일에 에너지를 소모하지 않도록 그 일에만 집중한다.

3. 심신이 건강할 수 있도록 스트레스를 관리하고 운동을 하라

— Tips —

① 적절히 휴식하라. 의지와 노력을 강조한다고 해서 지나치게 타이트한 생활을 하고 그것을 통해서 스트레스를 받는 것은 오히려 독이 된다. 스트레스가 쌓이지 않도록 긴장을 풀고 긴장을 늦출 수 있는 적절한 휴식(자연 속에 있는 것 등)이 의지력 향상에 도움이 된다.

② 몸에 좋은 음식을 섭취하라. 좋은 음식은 몸에만 좋은 것이 아니라 정신과 의지력에도 영향을 준다. 포도당이 떨어지면 의지력이 줄어든다. 포도당이 천천히 흡수되는 고단백 음식, 과일, 채소, 통밀 등을 먹는 것이 좋다.

③ 바른 자세를 유지하라. 바른 자세로도 인내심, 의지력이 커진다. 바른 자세는 건강과도 밀접한 관계가 있다.

18장

시행착오
개선의 원리

.
.
.

같은 잘못을
반복하지 말라!

주목! 성경 속 이 말씀!

여호와 하나님이 아담과 그의 아내를 위하여 가죽옷을 지어 입히시니라 여호와 하나님이 이르시되 보라 이 사람이 선악을 아는 일에 우리 중 하나 같이 되었으니 그가 그의 손을 들어 생명 나무 열매도 따 먹고 영생할까 하노라 하시고 여호와 하나님이 에덴 동산에서 그를 내보내어 그의 근원이 된 땅을 갈게 하시니라 이같이 하나님이 그 사람을 쫓아내시고 에덴 동산 동쪽에 그룹들과 두루 도는 불 칼을 두어 생명 나무의 길을 지키게 하시니라(창3:21-24).

1. 성경에서 찾는 시행착오 개선의 원리

아담과 하와는 하나님께서 금지한 선악과를 먹음으로써 저주를 받고 결국 에덴동산에서 쫓겨나게 됩니다. 하나님은 아담과 하와에게 벌을 주시지만 그들을 완전히 포기하거나 미워하지 않으셨습니다. 아담과 하와가 몸을 가리기 위해 만든 나뭇잎 옷 대신에 가죽 옷을 지어 입히신 것이지요. 그리고 나서야 에덴동산을 떠나게 하셨습니다.

하나님께서 아담과 하와를 에덴에서 내쫓으신 이유는 단순히 이들을 미워했기 때문이 아닙니다. 물론 죄를 저지른 이들을 에덴과 같이 좋은 곳에 살도록 둘 수 없다는 징벌의 의미도 있지만 더 중요한 이유가 있습니다. 그것은 이들이 또 다시 하나님이 금지한 생명 나무의 열매를 먹을 가능성이 있기에 원천적으로 이를 막기 위해서 에덴을 떠나게 하신 것입니다.

하나님은 아담과 하와가 다시 문제를 일으키거나 더 큰 죄를 짓지 못하도록 생명 나무가 있는 곳으로부터 완전히 아담과 하와를 분리시키셨습니다. 아예 그곳에 다시 돌아 올 수 없도록 하셨지요. 또 에덴동산 동쪽에 그룹들과 두루

도는 불 칼을 두어서 그 근처에 올 수 없도록 하셨습니다. 그룹과 두루 도는 불 칼이 무엇인지는 정확히 알 수 없으나, 그것은 절대 다시 아담과 하와가 같은 죄를 짓지 못하게 막을 수 있는 강력하고 무서운 것이라고 생각됩니다. 결국 아담과 하와는 다시 에덴에 돌아가거나 하나님께서 금지한 열매를 먹을 수 없게 되었습니다. 여기에서 우리는 하나님께서 잘못이 반복되거나 같은 문제가 다시 발생하지 못하게 확실하게 조치하신다는 것을 알 수 있습니다. 우리도 이런 내용을 읽은 후 무심코 지나갈 것만이 아니라 성경으로부터 배우고 실천해야 합니다.

2. 성경 속 시행착오 개선의 원리, 생활과 공부에 적용시키면?

사람들은 같은 실수를 반복할 때가 많습니다. 또 지었던 죄를 다시 짓는 경우도 많습니다. 범죄자들이 다시 범죄를 저지르는 경우가 많은데 심지어 동일한 죄를 범하는 경우도 많습니다. 도둑질을 했던 사람이 다시 도둑질을 하고, 강도가 다시 강도짓을 하는 경우를 심심찮게 볼 수 있습니다. 사실 일반적인 사람들도 마찬가지로 실수들을 반복하고 잘못된 행동을 계속하는 경우가 많습니다. 이런 실수와 잘못의 반복을 끊지 못하면 좋은 결과를 얻을 수 없습니다.

자신의 잘못된 행동이나 습관 또는 실수에 대해서 그것이 반복되지 않도록 하는 분명한 장치를 만들어야 합니다. 잘못을 반복하지 않도록 그런 일들에서 자신을 완전히 분리시키고, 그런 실수를 하게 만드는 곳 근처에는 아예 가지 않도록 해야 합니다. 그리고 성경 속 '그룹과 두루 도는 불 칼'처럼 자신만의 불 칼을 만들어서 그곳에 다시 갈 수 없도록 자신을 통제할 수 있어야 합니다.

1. 시행착오는 실패인가?

시행착오(試行錯誤, trial and error)란, 학습방법 중 하나로 목표를 이루기 위해 시도와 실패를 반복하는 것을 뜻합니다. 하지만 그렇다고 해서 시행착오를 실패라는 부정적 단어와만 연결 지어 떠올리면 안 됩니다. 시행착오는 바로 이러한 시도와 실패의 과정을 반복함으로써, 점점 실패를 줄이게 되고 목표에 도달하게 된다는 의미까지 모두 내포하고 있기 때문입니다.

어떤 목적을 달성하려고 하거나 어떤 문제에 직면하였을 때에, 분명한 해결책이 없으면 다양한 시도를 하게 됩니다. 그 과정에서 실패를 거듭하기도 하는데 그러다가 우연히 성공에 다다르게 됩니다. 그럼 이후부터는 다른 여러 방법보다도 자신이 성공한 방법부터 먼저 실천함으로써 점차 시간을 절약하고, 목표에 쉽게 도달할 수 있게 되는 것이지요. 그것이 바로 시행착오가 주는 열매입니다.

손다이크의 학습법칙(Thorndike's laws of learning)

사실 시행착오의 개념은 미국의 심리학자 손다이크(E. Thorndike)가 발견한 원리 중 하나로, 학습의 법칙으로 체계화한 것입니다. 손다이크는 주로 동물실험을 통해서 동물들의 원초적인 반응들을 관찰하고 그들이 학습하는 과정들에서 학습의 원칙들을 찾아내었습니다. 그리고 그 결과를 토대로 연습의 법칙, 준비성 법칙, 효과의 법칙을 정리했습니다. 손다이크가 제시한 이런 법칙들은 곧바로 공부법에도 적용해 볼 수 있습니다. 지금 소개하는 법칙들을 곰곰이 생각해 보면서 효과적인 공부의 방법을 고민해 보세요.

'우선 연습의 법칙'은 사용하면 할수록 결합의 강도가 증가한다는 사용의 법칙과 사용하지 않으면 결합의 강도가 감소한다는 불사용의 법칙을 말합니다. 즉 공부할 때, 이미 학습을 했더라도 계속 연습을 해야 잊어버리지 않는다는 것을 알 수 있습니다.

준비성 법칙이란 어떤 행위에 대해 반응을 할 준비가 되어 있을 때는 반응을 하는 것이 보상적이고, 그에 대한 반응을 하지 않는 것이 혐오적이라고 말하는 법칙입니다. 쉽게 말해 학습자의 준비성에 따라 학습 효과가 달라진다는 뜻입니다.

마지막으로 효과의 법칙은 결합의 강도가 반응의 결과에 의하여 영향을 받는다고 말하는 법칙입니다. 즉 만족스러운 행동은 같은 환경에서 반복하려 한다는 것인데, 이를 공부에 비춰 보면, 공부해서 만족감이 있을 때 더 열심히 하려고 한다는 것으로 적용해 볼 수 있습니다.

2. 시행착오 개선의 원리에서 공부법을 찾는다면?

보통 수많은 실패와 시행착오를 거쳐서 좋은 아이디어가 나옵니다. '실패는 성공의 어머니'라는 말과 같이 실패나 시행착오가 소모적이고 의미 없는 것은 아닙니다. 그런 과정이 있어야만 진정한 성공을 하고 목표에 도달할 수 있습니다. 실패를 두려워해서 아무것도 하지 않거나 주저하기보다는 몇 번의 시행착오가 있더라도 도전하고 시도하는 것이 중요합니다. 하지만 모든 시행착오가 긍정적인 것만은 아닙니다. 시행착오가 성공의 밑거름으로서 의미가 있으려면 도전적, 발전적 시행착오를 해야 합니다. 도전적, 발전적 시행착오는 어떤 것일까요?

같은 잘못을 반복하지 말라

시행착오를 하더라도 계속해서 도전하고 또 그 과정에서 무언가를 배우는 것은 매우 중요합니다. 하지만 이런 시행착오를 너무 많이 하는 것은 좋지 않습니다. 이미 자신이 교훈을 얻은 실패를 또다시 반복하는 것은 의미가 없습니다. 그러한 불필요한 시행착오는 가급적 줄이고 대신 성공으로 가는 시간과 과정을 단축시키는 것이 필요합니다.

시행착오를 통해서 성공으로 나아가는 데에는 한 가지 중요한 전제가 있습니다. 바로 같은 실패를 반복하지 않는 것입니다. 시행착오가 의미가 있으려면 매번 같은 방법이 아니라 다른 방법이 시도되어야 합니다. 그 과정에서 정답을 찾아가는 올바른 과정을 모색하게 되는 것입니다. 그저 항상 실패하는 똑같은 방법을 반복하는 것은 실패를 계속 이어 가는 것일 뿐 의미 없는 일이 됩니다. 그렇기 때문에 어떤 일에 실패하거나 시행착오를 겪게 될 때, 그 시행착오를 반복하지 않도록 하는 분명한 장치를 마련해야 합니다.

실패했던 이유를 분석하라

실패를 반복하지 않기 위해서는 노력이 필요합니다. 아무런 노력 없이 얻을 수 있는 것은 없습니다. 같은 잘못을 반복하지 않으려면, 어떤 잘못을 했는지 그 원인을 분명히 아는 것이 필요합니다. 실패했던 이유가 무엇인지를 모르고 지나간다면 또 실패할 가능성은 높다고 보아야 합니다. 물론 모든 실패의 원인을 다 알 수는 없습니다. 그러나 나름대로 최대한 알려고 노력해서 같은 잘못이 반복되지 않도록 해야 합니다. 시험공부를 열심히 했는데 성적이 좋지 못할 경우, 다음 시험에도 똑같은 방법으로 시험공부를 하면 똑같이 좋지 못한 성적을 받을 확률이 높습니다. 이전 시험공부에 어떤 문제가 있었는지를 차분히 생각하고, 그 원인을 분석해서 더 좋은 시험공부 방법을 찾기 위해 노력해야 합니다.

오답 노트를 활용하라

실패를 반복하지 않으려면 공부방법과 같은 전체적인 것뿐만 아니라 각각의 개별적인 문제에 대해서도 실수를 반복하지 않는 것이 중요합니다. 흔히 말하듯이 틀린 문제를 또 틀리는 경우가 많기 때문입니다. 자신이 틀리고 실패하는 것에 대해서 분명히 알고 대책을 마련하는 것이 필요한데, 이럴 때 오답노트가 굉장히 좋은 대안이 됩니다.

오답노트는 문제 풀이 중 틀린 문제를 모아 다시 써 보고 정답을 찾아 작성하는 노트입니다. 문제를 풀다가 틀린 문제에 대해서 틀린 이유를 정확하게 알고 넘어가기 위해 작성합니다. 모르는 문제를 그냥 넘겨 버려서는 실력을 높일 수 없습니다. 자신이 특별히 이느 부분을 모르는지, 왜 틀렸는지, 정답은 무엇인지, 해당 문제에서 알아 두어야 할 개념은 무엇인지 항상 정리하는 습관을 길러야 다음에 같은 유형의 문제를 틀리지 않게 됩니다. 어떤 사람은 틀린 문제는 다시 쳐다보고 싶지도 않다고 하는 사람이 있습니다. 좋지 못한 기억을 다시 떠올려서 괴로워하고 싶지 않은 마음은 충분히 이해할 수 있습니다. 그러나 그렇게 하면 또다시 비슷한 유형의 문제를 틀리고 더 큰 고통을 받을 수 있다는 것을 생각해야 합니다. 틀린 문제가 지겨워질 때까지 반복해서 더 열심히 보고 확실하게 분석해야 같은 고통을 다시 겪지 않게 됩니다.

Change를 위한 시행착오

사람은 살면서 수많은 실패와 시행착오를 겪게 됩니다. 실패하지 않고 성공하는 사람은 없으며, 시행착오 없이 바로 성과를 내는 경우도 없습니다. 이처럼 누구나 실패하고 시행착오를 겪지만, 차이는 그 시행착오를 어떻게 승화시키는가 하는 것입니다. 어떤 것에 실패하고 시행착오를 겪을 때 좌절하고 낙담만 하거나 또다시 실패를 반복하는 것, 시행착오를 겪고도 얻는 것이 아무것도 없는 사람은 발전할 수 없습니다.

성공하고 발전하는 사람은 시행착오를 발판으로 더 나은 시도를 하고 정답과 성공으로 나아가는 길을 찾아내는 사람입니다. 중요한 것은 실패와 시행착오를 통해서 자신이 변화하고 발전하는 것입니다. 시행착오에 머물러 있는 것이 아니라 그것을 통해서 끊임없이 자신을 변화시키는 사람에게 발전적인 미래가 있고 성공이 있다는 것을 기억해야 합니다.

시행착오 개선을 위한 올바른 행동강령

1. 시행착오의 또 다른 이름 개선과 발전

STEP 1 ▶ 시도를 두려워 말라

"구더기 무서워서 장 못 담근다."는 말이 있다. 필요한 결과를 얻고자 하면서도 실패에 대한 두려움에 시도도 하지 못한다면 그냥 앉아서 실패라는 결과를 받게 되는 것이다. 이보다 우매한 일이 어디있겠는가? 어차피 실패한다 해도 경험이라도 쌓아라!

○ ○ ○ ○ ○

STEP 2 ▶ 실패의 원인을 찾아라

깨우침은 주로 배움을 통해서 이루어지지만, 나이가 들수록 직–간접경험을 통해서 다져진다. 배우고 경험했다 하여 모든 것이 좋을 수는 없다. 좋지 않았다면, 실패했다면, 그 원인을 분석하는 것이 추후 개선점을 찾아 나아가는 통로를 만드는 것이다.

○ ○ ○ ○ ○

STEP 3 ▶ 개선점을 찾아라

일이 잘못되었을 때 반성한다고 끝난 것이 아니다. 우둔한 사람은 심각한 결과를 초래하고도 '미안해'하고 잘못한 일을 끝내려는 성향이 있다. 부족하다. 앞으로 어떻게 하겠다는 개선책을 내어 놓는 것이 도리이고 방법이다. 이렇듯 실패를 인정하고 분석을 거친 후 반드시 개선책을 내어 놓아야 한다.

1. 이번 시험결과가 엉망이다.

2. 충분한 준비를 하지 못했다.

3. 다음엔 시험 준비를 미리(2주 정도 더 일찍) 공을 들여 한다.

2. 시행착오, 반복하지 말고 실패의 원인부터 찾아라

☑️ 체크리스트

☐ '지피지기 백전백승[知彼知己百戰百勝]'. 적을 알고 나를 알아야 이긴다는 것처럼 반대로 적을 모르고 나를 모르면 질 수밖에 없는 것이 당연하다. 실패의 원인을 알아야 실패를 극복할 수 있다.

☐ 실패하지 않고 성공하는 사람은 없고, 시행착오 없이 바로 성과를 낼 수도 없다. 하지만 실패만 반복하는 것은 그저 실패에 불과하다.

☐ 시행착오가 의미 있는 이유는 시행착오를 통해 자신이 틀리고 실패하는 이유를 분명히 깨닫고 대책을 세울 수 있기 때문이다.

☐ 혼자서 실패의 원인을 찾을 수 없을 때는 주변에 도움을 구해야 한다. 자신은 자신 스스로를 객관적으로 돌아보기 어렵다.

☐ 시행착오를 통해서 끊임없이 자신을 변화시키는 사람만이 발전할 수 있다.

3. 오답노트를 이용해서 정리 분석하라

―Tips―

① 오답노트를 작성하는 방법은 여러 가지가 있으나 개인의 특성에 따라 자신에게 좋은 방식대로 작성하는 것이 효과적이다.

② 대체적인 방식은 먼저 틀렸던 문제와 틀렸던 답을 쓰고 그 아래(또는 옆에) 맞는 답과 풀이 과정을 쓴다. 그리고 왜 틀렸는지를 분석하여 이 틀린 이유를 정리하는 것이다.

③ 과목별로도 오답노트를 기록하는 방식이 달라질 수 있다.

④ 자신에게 맞는 오답노트 작성법을 개발해 숙지하면 좋은 성적을 얻는데 도움이 된다.

19장

상벌의 원리

．
．
．

상과 벌, 신중하게 주고
최대의 효과를 얻게 하라!

주목! 성경 속 이 말씀!

여호와 하나님이 뱀에게 이르시되 네가 이렇게 하였으니 네가 모든 가축과 들의 모든 짐승보다 더욱 저주를 받아 배로 다니고 살아 있는 동안 흙을 먹을지니라 내가 너로 여자와 원수가 되게 하고 네 후손도 여자의 후손과 원수가 되게 하리니 여자의 후손은 네 머리를 상하게 할 것이요 너는 그의 발꿈치를 상하게 할 것이니라 하시고 또 여자에게 이르시되 내가 네게 임신하는 고통을 크게 더하리니 네가 수고하고 자식을 낳을 것이며 너는 남편을 원하고 남편은 너를 다스릴 것이니라 하시고(창 3:14-16).

나는 선한 싸움을 싸우고 나의 달려갈 길을 마치고 믿음을 지켰으니 이제 후로는 나를 위하여 의의 면류관이 예비되었으므로 주 곧 의로우신 재판장이 그 날에 내게 주실 것이며 내게만 아니라 주의 나타나심을 사모하는 모든 자에게도니라(딤후 4:7-8).

1. 성경에서 찾는 상과 벌의 원리

창세기 초반에 나타나는 천지창조에 관한 기사는 우리에게 아주 중요한 말씀과 교훈을 줍니다. 세상이 어떻게 창조되었는지 또 인류가 어떻게 지금과 같은 상태에 이르게 되었는지를 알려 주지요. 어떤 부분은 해석이 명확하지 않고 또 이해가 쉽지 않은 부분들도 있습니다. 또 어떤 부분들은 보는 이의 시각에 따라 서로 다르게 해석되기도 합니다. 그럼에도 불구하고 이견이나 의심의 여지가 없는 대목이 있는데, 그것은 바로 태초에 죄가 있었고 벌이 있었다는 것입니다.

사람은 사탄의 유혹으로 하나님께서 금하신 선악과를 먹음으로 하나님께

죄를 범했습니다. 그리고 그 결과로 하나님의 벌이 사람에게 내려졌습니다. 이것은 창세기 초반에 창조 기사를 통해서 말하고자 하는 것들의 가장 중요하고 근간이 되는 주제이자 교훈입니다. 이것은 우리가 이제까지 하나님의 일하시는 원리를 통해서 얻은 교훈 중에서도 가장 중요하고 결론적으로 취해야 할 교훈이기도 합니다.

죄를 범하면 그에 상응하는 벌이 있습니다. 이것은 창세기뿐만 아니라 성경 전체에서 분명히 나타나는 교훈입니다. 사람이 하지 말아야 할 잘못을 하면, 그 잘못의 결과도 감당해야 합니다. 이것은 결코 새로운 것이 아니고 모르는 사람도 없는 이치이지만, 사람들은 이 분명한 사실을 외면하며 살 때가 많습니다. 우리가 무언가를 열심히 잘하면 좋은 결과를 얻게 될 것입니다. 그러나 잘못을 하고 열심히 하지 않으면 좋지 못한 결과를 얻거나 결과가 아주 빈약할 수밖에 없습니다.

하나님을 믿는 사람은 열심히 하나님을 믿고 기도하면 하나님의 은혜로 내가 한 것 이상의 결과를 얻을 수 있고, 또 비록 잘못한 것이 있어도 기도하면 그것들이 용서가 되어서 문제가 없을 것이라는 기대를 합니다. 물론 우리에게는 하나님의 용서와 은혜가 있습니다. 하나님께서는 우리의 기도를 들으시고 은혜로 잘못을 용서하시고 좋은 결과를 주시기도 합니다. 그러나 그런 은혜가 우리에게 임하는 것은, 행한 만큼 받는다는 일반적인 원리를 전제한 것입니다. 보통 우리는 한 만큼 벌을 받거나 결실을 얻습니다. 그러나 열심히 하다 보면 아주 특별한 경우에 이례적으로 생각지 못한 결과를 얻게 되는데 그것이 은혜인 것입니다.

2. 성경 속 상과 벌의 원리, 생활과 공부에 적용시키면?

공부도 비슷합니다. 열심히 한 만큼 또 좋은 방법으로 잘 공부하면 그에 상응하는 결과를 얻습니다. 하지만 잘못된 방법으로 공부하거나 또 유혹에 빠져서 하지 말아야 할 일을 하고 시간을 잘못 사용한다면 그에 상응하는 벌이 있고, 그 결과도 나쁠 수밖에 없습니다.

하나님이 주시는 분명한 교훈은 우리가 잘못하면 그에 상응하는 벌과 좋지 못한 결과가 있다는 것입니다. 늘 깨어서 우리 자신의 모습을 돌아보고 더 열심히, 더 잘 공부하려고 노력해야 합니다.

힘들지만 유혹을 이기고 열심히 노력할 때 그에 상응하는 복을 하나님께서 약속하실 것입니다. 열심히 공부하고 노력하면 상과 면류관이 준비되어 있음을 기억하며 소망해야 할 것입니다.

1. 좋은 상과 벌, 나쁜 상과 벌

상(賞)은 "뛰어난 업적이나 잘한 행위를 칭찬하기 위하여 주는 증서나 돈이나 값어치 있는 물건"을 뜻합니다. 그리고 벌(罰)은 '잘못하거나 죄를 지은 사람에게 주는 고통, 또는 행위를 금지하기 위해서, 또는 습관을 파기하기 위하여 주는 불쾌한 자극'을 말합니다.

상과 벌은 교육 현장에서 늘 있어왔고 꼭 필요한 것이라 생각됩니다. 학교에서도 잘하면 상장을 주고 또 잘못한 학생에게는 여러 종류의 벌을 줍니다. 이것은 가정교육의 현장에서도 또 직장에서도 비슷한 양상으로 시행됩니다. 그러나 이 상과 벌이 적재적소에서 알맞게 잘 사용되면 좋은 것이지만, 잘못 사용되면 오히려 역효과를 낼 수 있습니다. 상과 벌은 명확한 목표의식을 위해 적절하게 행사되어야 합니다.

목적이 아닌 목표를 향한 상과 벌

상과 벌을 적절히 행사하려면 우선 목표와 목적의 차이부터 이해해야 합니다. 목적은 '실현하려고 하는 일이나 나아가는 방향'을 말하는 반면, 목표는 '어떤 목적을 이루려고 하는 실제적 대상'을 말합니다. 그래서 목적은 '미래에 자신이 달성하고 싶은 이상적인 모습'을 뜻하는 비전(Vision)과 연관된다고 말할 수 있습니다. 그리고 목표는 미션(Mission), 즉 '자신의 존재 이유로서 반드시 해야 되는 구체적인 추진과제를 명시적으로 진술해 놓은 것'과 연관된다고 할 수 있습니다.

따라서 목적은 '하고 싶은 것이 무엇이냐?'라는 질문, 그리고 목표는 '해야만 하는 것이 무엇이냐'는 질문을 통해서 접근할 수 있습니다. 또 목적에 대해서는 개연성과 융통성을 가지고 접근해야 하지만 목표는 합리적인 방법과 최적의 수단을 통해서 효과적으로 달성해야 합니다.

이렇듯 목표와 목적은 구분됩니다. 상과 벌은 목적이나 비전에 대한 것이라기보다는 목표와 미션에 대해서 주어져야 바람직합니다. 구체적인 목표와 미션이 달성된 것에 대한 상과 미달되고 실패한 것들에 대한 벌이 주어져야 하는 것입니다.

상과 벌, 동기부여가 되어야 의미가 있다

이처럼 상과 벌이 목표와 미션에 관계된 것이라고 할 때, 결국 상과 벌을 주는 것의 궁극적인 의미는 동기부여라고 할 수 있습니다. 동기부여란, '어떤 특정한 자극을 주어 목표하는 행동을 불러일으키는 일, 잠재된 의욕을 최대로 이끌어내는 수단'을 말합니다. 즉, 상과 벌을 통해서 동기부여를 할 수 있고 동기부여가 상과 벌을 주는 목적 그 자체라 할 수 있습니다. 만약 상과 벌이 그 사람에게 더 잘하려고 하는 동기부여를 하지 못한다면 그 상과 벌은 잘못 주어졌다고 할 수 있을 것입니다. 자녀에게 상과 벌을 줄 때도 반드시 동기부여라는 목적을 위한 상벌이 맞는지를 확인해야 할 것입니다.

2. 상과 벌의 원리에서 지혜와 공부법을 찾는다면?

잘 알려진 심리학 용어 중 이른바 '크레스피 효과'라는 것이 있습니다. '상과 벌의 강도가 높을수록 일의 능률은 높아진다'는 것입니다. 보상이나 체벌이 클수록 더 열심히 하기 마련이라는 것은 당장 아이들을 봐도 알 수 있으니 따로 설명하지 않아도 쉽게 이해되는 현상입니다. 그래서 어떤 이들은 단순하게 아주 큰 상을 내리거나 따끔한 벌을 조건으로 하면 되지 않을까 생각합니다.

그런데 문제는 상과 벌이 지속적으로 효과를 얻으려면 점점 더 큰 상과 더 큰 벌이 필요할 수 있다는 것입니다. 이것은 교육적으로 결코 바람직하지 않습니다. 지나치게 상과 벌에 의지하게 되면 어떤 인센티브가 걸리지 않은 일반적 일에 대한 의욕을 가지지 못하고 동기 부여도 되지 않습니다. 적당한 상과 벌을 통해서 동기를 부여하는 것은 좋지만, 상과 벌에만 의지해서 교육하는 것은 추천하지 않습니다. 그렇다면, 어떻게 상과 벌을 주어야 자녀가 더 효과적으로 성취감을 맛보게 할 수 있을까요?

칭찬, 때로는 상과 벌보디 낫디

그런데 동기를 부여하는 수단으로 꼭 상과 벌만 있는 것은 아닙니다. 특별히 상을 주지 않더라도 칭찬을 많이 함으로써, 상을 주는 것 이상의 긍정적인 효과를 얻을 수 있습니다. 또 칭찬을 통해 벌을 주는 것 이상의 효과를 거둘 수도 있습니다.

칭찬은 좋은 점이나 착하고 훌륭한 일을 높이 평가하는 것입니다. 사람은 다른 사람의 평가에 늘 민감하고 다른 사람의 반응에 아주 민감하게 반응합니다. 그래서 칭찬이 아주 큰 영향을 줄 수 있습니다. "칭찬은 고래도 춤추게 한다."는 말처럼 칭찬은 사람을 움직이는 큰 힘을 가지고 있습니다. 칭찬에 인색하지 마십시오.

상과 벌 활용을 위한 올바른 행동강령

1. 동기를 부여할 수 있는 적절한 상과 벌을 주어야 한다

STEP 1 ▶ 상벌은 정당성에 기초해 주어라

상과 벌을 주는데 몇 가지 중요한 원칙이 있다. 우선 상과 벌은 많고 적음, 크고 작음의 문제를 떠나 정당한가, 그렇지 못한가에 기초해야 한다. 더 큰 상과 벌로 유혹하거나 겁을 주는 것이 아니라 정당한 상과 벌이 주어져야 한다. 그럼 정당한 상과 벌이란 무엇일까? 상과 벌을 통한 법치주의를 주장했던 한비자의 방법이 답이 될 수 있다. 한비자는 상과 벌을 주는데 있어서 성문화(成文化), 공시(公示), 통일(統一)이 있어야 한다고 말했다. 즉, 상과 벌의 법을 글로 명시하고 많은 사람에게 그것을 알리고 모두에게 동일하게 적용되어야 한다는 것이다. 참고할 만한 대목임에는 분명하다.

○ ○ ○ ○ ○

STEP 2 ▶ 자녀가 실제로 한 행위에 대한 대응으로 상벌을 주어라

상벌의 중요한 원칙 중 하나는 상과 벌이 모두 자신의 행위로부터 나오는 것임이 분명해야 한다는 것이다. 상과 벌이 요행이나 운에 따라서 주어지면 학습동기를 유발할 수 없다. 그러나 상과 벌이 오로지 자신의 행위에 의한 것을 알 때 자녀는 성과에 더 힘쓰게 된다. 결과보다는 자신이 노력한 것 또는 열심히 하지 못한 것에 대해서 상과 벌이 주어져야 한다.

○ ○ ○ ○ ○

대단한 성과를 이루어야만 상을 주는 것은 좋지 않다. 대신 성과를 이루어 가는 과정에 대해 상벌이 주어져야 한다. 이를 테면, 말과 행동이 일치하면 상을 주고 아니면 벌을 주는 것이다. 작은 것이라도 목표를 세우고 그것을 위해서 성실하게 노력하는 것에 대해 상으로써 격려하고, 반대로 그 과정을 제대로 이행하지 못했을 때는 벌을 주는 것이다. 상과 벌을 통해서 작고 쉬운 목표라도 성실하게 이루어 낼 수 있도록 유도하는 것이다. 결과만 놓고 상벌을 논하는 것은 교육적으로 큰 의미가 없다.

2. 너무 크지 않은 목표를 정하고, 그 목표에 도달했을 때 상을 준다

 체크리스트

☐ 목표에 대한 상과 벌을 분명히 정해 두고 효과적인 방법을 찾고 있다..

☐ 상벌을 정할 때는 혼자 정하지 말고 함께 합의한다.

☐ 성향을 고려해야 하고, 실현 가능한 목표를 설정한다.

☐ 도달해야 할 목표와 기간을 정했으면, 상과 벌을 주는 시기도 정한다.

☐ 상과 벌의 약속을 정했다면 반드시 지킨다.

3. 노력에 대해서 칭찬을 하여서 더 힘을 낼 수 있도록 해야 한다

— Tips —

① 과정을 칭찬해야 한다. 결과보다는 과정을 칭찬할 때 긍정적 효과가 크게 나타난다. 결과는 노력과 비례하지 않을 수 있다. 그런 경우라도 과정을 칭찬하면 자신의 노력을 인정받는다는 느낌을 받을 수 있고 더 좋은 효과를 낳게 된다.

② 칭찬받는 이유도 수긍할 수 있어야 한다. 칭찬할 때에 두루뭉실하게 칭찬하기보다는 구체적으로 잘한 부분을 적시해서 칭찬하고, 칭찬이 필요한 부분만 칭찬하는 것이 좋다. 그래야 자신의 어떤 행동이 인정을 받고 칭찬을 얻어내는지 분명하게 알 수 있다.

③ 지나친 칭찬은 역효과를 불러온다. 부모가 아이에게 일방적이고 과도한 칭찬을 할 경우 아이가 부담을 느낄 수 있고 나아가 아이의 자존감을 낮추는 역효과가 나타날 수 있다. 칭찬을 부모의 과도한 기대로 받아들이거나 부담으로 느낄 수 있는 것이다.

20장

언약의 원리

언약,

세상을 움직이는 신뢰의 힘!

주목! 성경 속 이 말씀!

여호와 하나님이 그 사람에게 명하여 이르시되 동산 각종 나무의 열매는 네가 임의로 먹되 선악을 알게 하는 나무의 열매는 먹지 말라 네가 먹는 날에는 반드시 죽으리라 하시니라(창2:16-17).

1. 성경에서 찾는 언약의 원리

하나님께서 이 세상을 창조하시면서 일하시는 원칙과 원리들을 살펴보고 있는데 그중에 특별히 생각해 볼 것은 하나님은 그의 피조물인 사람들과 관계를 맺으시고 나아가 사람과 언약을 맺으신다는 것입니다. 성경에는 하나님이 사람들과 맺는 많은 언약(약속)들이 있습니다. 하나님께서 세상을 만드시고 세상을 주관하시면서 사람들과 언약을 세우시고 또 언약의 관계들을 만드셨다는 것은 아주 중요한 의미가 있습니다.

가장 첫 언약이라 할 수 있는 것은 '하나님께서 선악을 알게 하는 나무를 만드시고 이 열매를 먹지 말라고 말하시고 먹는 경우는 반드시 죽으리라'고 말하시는 것입니다. 하나님과 사람 사이에 선악과를 먹지 말도록 그리고 그것을 먹으면 죽게 된다는 언약을 만드셨습니다. 그러나 불행히도 아담과 하와가 이 언약을 깨뜨리게 되고 그 결과 사람은 원죄를 범하게 되고 하나님의 저주를 받게 되어 타락한 세상에서 살게 되었습니다.

창세기 9장 8-13절에 보면 하나님께서 노아의 홍수 이후에 다시는 물로 심판하지 않겠다고 언약하시고 그 언약의 증거로 무지개를 주시기도 합니다. 그리고 창세기 17장에서는 하나님께서 아브라함에게 '아브라함의 후손이 장차 큰 민족을 이룰 것이고 하나님은 영원토록 그들의 하나님이 될 것이라.'는 언약을 세우십니다. 즉 언약의 백성에 대한 약속을 하시고 그 일을 구약성경을 통해서 이스라엘이라는 언약의 백성들을 만들어 가시면서 그 언약을 지키는 모습을 보이십니다.

이후에도 많은 언약들이 하나님과 사람들 사이에서 세워졌고 또 그것이 아주 중요하게 작용하는 것을 성경을 통해서 확인할 수 있지요. 중요한 것은 하나님은 사람들과 언약을 세우시고 그 약속들을 지킬 것을 사람에게 요구하시고 또 하나님은 하나님이 세운 언약을 신실하게 이루시는 분이라는 것을 보이신다는 것입니다. 그리고 그 언약을 깨뜨리는 사람들을 벌하시는 하나님의 모습을 보이십니다.

이것을 통해서 하나님께서는 언약을 세우시는 분이라는 것, 그리고 그 약속을 신실하게 지키시고 그 언약이 성취되도록 끝까지 일하시는 분이라는 것을 알 수 있습니다. 이런 하나님을 보면서 언약을 세우고 그 언약을 신실하게 이루어 가는 모습을 배우고 우리 삶과 공부원리에도 적용할 수 있을 것 것입니다.

2. 성경 속 언약의 원리, 생활과 공부에 적용시키면?

언약은 말로 약속하며 장래의 일을 상대와 미리 정하며 어기지 않을 것을 다짐한다는 표현입니다. 장래에 일어나고 어기지 않을 일을 다짐하는 일이지만, 어떻게 결과가 나타날지, 어떤 변수가 생긴지 마음에 두지 않아서 공허한 약속이 되기 일쑤입니다.

공부할 때도 언약은 중요합니다. 무작정 공부하지 말고 때때마다 제대로 한 것, 하지 못한 것을 돌아보아야 합니다. 또 저녁에 쓰는 일기는 스스로가 했던 행동을 되새기며 잘못된 일은 되도록 빨리 반성하고 기도를 통해 고쳐 나가고자 하는 자신과의 언약입니다.

공부할 때는 스스로와의 약속뿐 아니라 부모와 자녀 사이에도 많은 약속을 하게 됩니다. 이 때 부모가 아이에게 말로만 지시하면 일방적인 이야기라 약속이 될 수 없습니다. 부모가 열심히 하는 모습으로 모범을 보이면 아이도 약속을 지키기 쉽습니다. 자신과의 약속을 잘 지키는 사람이 남과의 약속을 잘 지키듯이 말입니다.

보통 자녀가 부모의 일하는 모습을 보기 어려운데 회사에 말해서 1년에 하루, 이틀 정도는 부모와 아이가 같이 일하는 것을 추천합니다. 아니면 부모가 녹음한 중요한 일을 들려주거나 녹화해서 보여 주는 방법도 좋습니다. 보통 직장에서 일하는 모습을 보여 주지 않는 이유는 어른은 완벽하다고 생각하고 아이는 부족하다고 생각하기 때문입니다. 우리도 부족한 사람인데도 어른의 잣대로 아이의 부족함을 봅니다. 그리고 아이가 부모의 충고를 못 느끼는 이유는 부모가 아이의 미래에 있음을 모르기 때문입니다. 일방적으로 이야기하면 아이는 그를 강요라 생각하기 때문에 힘들어합니다. 문제아는 아이가 만드는 것이 아니라 사회나 어른이 만드는 과정에 있을 수 있습니다.

1. 공부에 필요한 언약·약속·다짐

언약이란 '말로 약속함'이고, 약속이란 '장래의 일을 상대방과 미리 정하여 어기지 않을 것을 다짐함'이라고 정의합니다. 또한, 다짐이란 '어떤 일을 반드시 하겠다는 굳건한 마음가짐, 이미 한 일이나 앞으로 할 일에 틀림이 없음을 단단히 강조하거나 확인함'입니다. 같은 맥락의 단어들이지만 그 강조점이 다릅니다. 언약과 약속과 다짐은 공부에 반드시 필요합니다.

언약은 하나님과의 약속과 같은 공적이고 대외적인 약속이라 할 수 있습니다. 공부할 때도 대외적인 공약과 같은 언약이 필요합니다. 앞으로 공부를 열심히 해서 의사가 되겠다든지, 과학자가 되어서 과학발전에 큰 기여를 하겠다든지 등의 목표를 천명할 수도 있고 또 좀 더 구체적으로 어느 대학에 가겠다든지 또 열심히 공부해서 훌륭한 사람이 되어서 자랑스러운 자녀가 되겠다는 식의 부모와 약속을 할 수 있을 것입니다. 이런 언약은 공부의 동기부여 역할을 할 수 있습니다.

또 자신과의 약속을 하는 것도 공부에 필요합니다. 매일 몇 시간 이상 공부를 하겠다든지 무엇을 하지 않겠다든지 하는 약속을 하는 것입니다. '매일 일기를 쓴다.' 또는 '매일 아침 일찍 일어나 운동을 한다' 등 자신과의 약속을 하면 흐트러지는 마음을 다잡을 수 있고 스스로 긴장하게 하는 효과가 있습니다.

그리고 이런 대외적인 약속이나 스스로에 대한 약속을 이루기 위해서는 구체적인 계획을 세우고 또 그것을 잘 지키기 위해서 마음에 다짐하는 것이 필요합니다. 계획만 세운다고 되는 것이 아닙니다. 약속만 한다고 해서 뭔가가 이루어지지 않습니다. 약속은 지키라고 하는 것입니다. 지켜지지 않는 약속은 오히려 하지 않느니만 못합니다. 언약을 위한 약속을 하고, 약속한 내용을 기록해 두고, 매일 보면서 다짐하고, 그것을 이루기 위한 구체적인 방법을 생각하면서 매일 할 일을 만들다 보면 약속을 이룰 수 있게 됩니다.

2. 언약의 원리에서 지혜와 공부법을 찾는다면?

자신과의 약속부터 지켜라

자선가이자 기업인인 앤드류 카네기는 '자신과의 약속을 어기는 사람은 남과의 약속도 쉽게 져버릴 수 있다'고 말했습니다. 스스로 약속한 것은 꼭 지키는 습관이 필요합니다. 한두 번 약속을 깨뜨리게 되면, 그 약속은 힘이 없어지고 효력을 잃게 되기 쉽습니다. 약속한 것은 절대 쉽게 깨지 않는 스스로의 다짐이 있어야 합니다.

약속은 어른부터 모범을 보여야 합니다. 아이들은 부모를 보고 배우게 됩니다. 아무리 약속을 지켜야 한다는 말을 많이 하더라도 부모가 쉽게 약속을 깨는 것을 보게 된다면 아이들도 약속을 쉽게 생각하기 마련입니다. 탈무드에서는 이렇게 경고합니다.

> 아이들과 약속은 반드시 지켜라. 그렇지 않으면 그대는 아이들에게 허위를 가르치는 것이다.

지킬 수 없는 약속은 하지 않아야 합니다. 너무 무리한 약속을 하게 되면 그 약속을 지키기 어렵습니다. 애당초 실현 가능하지 못한 약속이라면 하지 않는 것이 좋습니다. 무모하게 과도한 것을 약속했다가 못 지키게 되면 다른 약속에도 나쁜 영향을 주게 됩니다.

계획 세우기

약속은 계획이 뒷받침되어야 합니다. 선거를 할 때 많은 사람들이 자신이 당선되면 이런 저런 일을 하겠다고 공약(公約)을 합니다. 그러나 공약에 대한 구체적인 계획과 실행 방안이 없으면 그것은 '빌 공(空)'의 공약이 될 수밖에 없습니다. 즉 그 공약을 하나도 이룰 수 없는 허무한 약속이 된다는 것입니다. 공부도 마찬가지입니다. 부모님께 약속을 하고 스스로 약속을 하지만, 구체적인 계획이 없으면 빈 공약이 될 수밖에 없고 부모나 자신에게 낙심만 주게 될 것입니다.

계획을 세울 때 가장 중요한 것은 자신에 대해서 정확히 아는 것입니다. 자신이 어떤 사람인지 스스로 잘 알아야 합니다. 대부분의 사람은 자기 자신에 대해서 잘 안다고 생각하지만, 자신에 대해서 정말 정확한 인식을 하지 못하고 있는 경우도 많습니다. 자신의 능력을 과대하게 생각하거나 스스로를 너무 낮게 생각하는 경우도 많습니다. 자신에 대해서 잘 알지 못하면 제대로 된 계획을 세울 수 없습니다. 자신에 대한 정확한 인식을 바탕으로 자신에게 합당한 계획을 세워야 합니다.

시간표 만들기

하루 생활을 위한 시간표, 또 단기 공부 계획을 위한 시간표가 필요합니다. 언약과 약속을 이루기 위해서 계획이 필요하고 계획이 제대로 실행되기 위해서는 시간표가 필요합니다. 흔히 시간표(time-table)라 하면 '수업 시간 등을 요일별로 정리한 표 형식의 문서'를 생각하게 됩니다. 이 수업 시간표도 전체적인 학교나 학원의 학습 목적과 목표를 이루기 위한 시간표라 할 수 있습니다. 이와 마찬가지로 개인적인 목표나 이루고자 하는 목적을 위해서 구체적인 나만의 학습 또는 생활 시간표가 필요합니다.

시간표를 만들 때 가장 먼저 생각하고 분명히 해야 할 것은 이 시간표를 만드는 이유를 생각하고 해야 할 목록 또는 이루려고 하는 계획이 무엇이인지 분명히 하는 것입니다. 그러고 나서 시험이나 공부하고자 하는 과목의 정보를 잘 파악해야 합니다. 그렇게 해야 그에 맞는 시간 계획이 가능합니다. 그리고 확보할 수 있는 시간이 얼마나 있는지 또는 언제가 공부하기 좋은지 등을 생각해야 합니다. 시간표는 종이로 만들 수도 있고, 시간표 애플리케이션 등을 이용해서 컴퓨터나 휴대폰을 이용해서 만들 수도 있습니다.

시간표는 매일, 매주 반복되는 시간표를 만들 수도 있고 또는 매일, 매주 바뀌는 시간표를 만들 수 있습니다. 각자의 환경과 여건에 따라서 좋은 것을 선택하면 됩니다. 그리고 시간표에 휴식시간을 꼭 넣어야 합니다. 너무 무리하게 계획하게 되면 그 시간표대로 실천할 수 없게 되고 전체적인 시간 계획이 무너질 수 있습니다. 시간표는 가능한 구체적으로 작성하고, 해야 할 일을 분명히 규정하는 것이 좋습니다. 그렇지 않으면 시간표로서의 의미가 없어질 수 있습니다. 또 한 과목만 계속하는 것 보다는 여러 과목들을 교차로 공부하는 계획이 덜 지루하고 효율이 높습니다.

언약을 지키기 위한 올바른 행동강령

1. 자신과의 약속을 대외적으로 알려 꼭 지키도록 하라

STEP 1 ▶ 약속을 지키려면 구체적인 계획이 필요하다

약속을 지키려면 그 약속을 지키기 위한 계획과 구체적인 실행 방안이 매우 중요하다. 계획 없는 약속은 언제든 남발할 수 있는 공수표나 다름없다. 약속을 지키는 습관을 기르려면 우선 약속에 따른 계획과 실행방안을 세우는 법부터 익혀야 한다.

○ ○ ○ ○ ○

STEP 2 ▶ 자신을 돌아보라

실행방안은 자신의 역량, 능력에 대해 잘 알면 알수록 구체화된다. 따라서 어떠한 약속을 하고 구체적인 계획을 세우기 전에 스스로를 잘 알 수 있도록 자신을 되돌아보는 시간을 많이 갖는 것이 중요하다. 평소 일기를 쓰면서 하루를 반성하는 시간을 갖다 보면 자신이 어느 정도의 능력이 있는지, 자신의 약점은 무엇이고 또 강점은 무엇인지를 쉽게 파악할 수 있게 된다.

○ ○ ○ ○ ○

STEP 3 ▶ 약속을 공표하라

약속을 공적이고 대외적인 언약으로 만들면 훨씬 더 강한 동기가 유발된다. 사람은 지치고 힘들다 보면 자신과는 쉽게 타협할 수 있다. 이미 대외적으로 공표된 상황에서는 쉽게 타협하기 어렵기 때문이다. 또 대외적으로 공표된 약속에 대해서는 주변 사람들이 끊임없이 상기시켜 주기 때문에 동기 유발의 효과도 더 크다.

2. 계획을 이루기 위한 시간표를 만들어 실천하라

 체크리스트

☐ 시간표를 가능한 보기 좋게 만든다.

☐ 만든 시간표는 쉽게 볼 수 있는 곳에 배치해 항상 상기한다.

☐ 최대한 시간표를 그대로 따르도록 노력한다.

☐ 일정 시간 후에 시간표에 수정할 것이 있다면 과감하게 수정한다.

☐ 시간표 때문에 스트레스를 받는 것도 좋지 않다. 당연히 해야 할 일을 하는 것으로 생각한다.

3. 구체적인 장기, 단기 계획을 수립하라

— Tips —

장기 계획과 단기 계획

① 공부는 오랜 시간 동안 이루어지는 일이다. 대학입시까지 초등 6년, 중고등 6년, 12년을 공부하게 된다. 대학 진학 이후의 공부까지 포함하면 더 긴 여정이라 할 수 있다. 따라서 공부 계획은 이런 긴 여정의 총체적인 공부 계획 아래 진행되어야 한다. 물론 당장 치러야 하는 시험 준비를 포함한 단기적인

공부 계획이 필요하다.

② 장기적인 계획만 있어도 안되고 또 단기적인 시험공부 계획만으로도 안 된다. 결국 장 · 단기 공부 계획을 함께 가지고 수업에 임해야 한다.

③ 장기 계획은 앞으로 어떤 학과를 진학할 것인지를 생각하고 더 집중해서 공부해야 할 과목 등을 생각하는 것이다. 그리고 단기적으로는 당장 치러야 할 시험에서 좋은 성적을 얻기 위한 대책을 마련하는 것이다.

21장

행복의 원리

· · ·

범사에 감사하라!

주목! 성경 속 이 말씀!

하나님이 자기 형상 곧 하나님의 형상대로 사람을 창조하시되 남자와 여자를 창조하시고 하나님이 그들에게 복을 주시며 하나님이 그들에게 이르시되 생육하고 번성하여 땅에 충만하라, 땅을 정복하라, 바다의 물고기와 하늘의 새와 땅에 움직이는 모든 생물을 다스리라 하시니라 하나님이 이르시되 내가 온 지면의 씨 맺는 모든 채소와 씨 가진 열매 맺는 모든 나무를 너희에게 주노니 너희의 먹을 거리가 되리라(창1:27-29).

1. 성경에서 찾는 행복의 원리

앞에서도 언급했지만 하나님은 세상을 창조하시면서 계속해서 "하나님 보시기에 좋았더라."는 말씀을 반복하고 마지막 날에는 "보시기에 심히 좋았더라."고 말씀하십니다. 여기서 생각해 봐야 할 것은 이 세상은 하나님이 보시기에도 아주 좋을 정도로 만들어졌다는 것입니다. 하나님은 사람을 만들 때에도 하나님의 형상대로 사람을 창조하셨습니다. 하나님의 형상으로 만들어졌다는 것은 '가장 선하고 아름답고 완벽한 모습'으로 사람을 만드셨다는 것을 생각해 볼 수 있지요. 그리고 하나님께서는 모든 채소와 열매를 먹을거리로 우리 사람에게 주셨습니다.

이것을 통해 우리가 명확하게 유추할 수 있는 사실은 하나님은 사람들이 하나님이 창조하신 이 세상 속에서 잘 살고 좋은 모습으로 살기를 원하셨다는 것입니다. 즉 사람들이 행복하게 이 땅에서 사는 모습을 원하시며 이 세상과 동식물과 사람을 만드셨다는 것입니다. 다르게 말하면 하나님은 우리가 이 세상에 살면서 괴로워하고 슬퍼하고 힘들어하며 사는 모습이 아니라 행복한 삶을 살기를 원하신다는 것입니다.

이것은 우리가 이 세상의 삶을 살아가면서 아주 중요하게 생각해야 할 원리라 할 수 있습니다. 성경에서는 우리에게 희생도 말씀하고, 우리의 욕망을 절제할 것도 말하고, 우리의 쾌락이 아니라 힘들더라도 이타적인 헌신의 삶을 요구합니다. 그러나 그렇다고 해서 불행하게 사는 것을 하나님이 원하시지 않으십니다. 헌신과 절제, 용서, 사랑과 헌신 등의 하나님의 명령을 따르는 삶을 살더라도 그 안에 우리의 행복을 원하시고 있습니다. 실제로 이타적인 사랑과 헌신과 절제와 용서가 괴롭고 불행한 것이 아닙니다. 그런 성경말씀대로 살아가는 것이 진정한 행복의 길로 이끌어 줍니다.

마찬가지로 공부할 때 생각해야 할 것은 공부하는 과정이 힘들고, 많은 즐거움을 포기하는 것 같고 괴로운 것 같지만 그것이 단순히 괴롭기만 하고 힘들기만 한 일이 되어서는 안 됩니다. 공부하면서도 최대한 즐겁게 하고 공부하는 시간이 불행한 시간이 아니라 행복한 시간이 될 수 있도록 노력해야 합니다. 그럴 때 더 공부의 효율이 올라가고 지속적으로 유익한 공부를 할 수 있는 첩경이 될 것입니다.

행복은 나만이 아닌 남을 위할 때, 현재만이 아닌 미래를 위할 때 비로소 우리 곁에 옵니다. 우리의 삶의 가장 궁극의 가치는 행복입니다. 그러나 행복은 결코 멀리 있는 것이 아닙니다. 자신에게 주어진 것을 감사하고 잘 활용하면 그것이 행복의 시작이자 끝이 됩니다

탈 벤-샤하르 하버드 교수의 책 『Happier』에서 "행복은 현재도 좋고 미래도 좋은 것이다."라고 했습니다. 이를 보다 잘 이해하기 위해 x축을 현재, y축을 미래로 하는 4사분면을 만들어 보세요. 0점은 현재도 안 좋고 미래도 좋지 않은 허무주의이고, 현재는 즐겁게 지내지만 앞으로 일어날 일에 두려워한다면 쾌락주의입니다. 공부를 예로 든다면, 미래를 보지 못하고 어떻게 될지 모르

면서도 현재에서 열심히 하고 있다면 미래를 보지 못하는 성취주의에 가깝습니다. 공부를 열심히 하라고 아이에게 강요한다면, 당장할 수 있을지는 모르나 행복하지는 않을 것입니다. 하지만 미래를 볼 수 있게 열어둔다면 결과는 달라집니다.

2. 성경 속 행복의 원리, 생활과 공부에 적용시키면?

정서적으로 안정감을 얻는 것이 행복입니다. 물질적인 행복감도 있을 수 있습니다. 하지만 자극적이고 순간적인 안정감에 불과합니다. 이에 반해 정신적인 행복은 도덕적으로 올바른 것에 기인합니다. 무언가를 탐하면 도덕적으로 옳지 못한 경우가 많고, 이는 불안정으로 이어집니다. 그래서 아이들의 행복을 위해 가장 먼저 가르쳐야 할 것은 인성입니다. 옳고 그름을 가르치고, 이를 지켜나가게 하면 마음이 편안해집니다.

또한 행복하고 싶다면, 'Feel myself(내가 앞으로 어떤 삶을 위해서 내가 이 자리에 있을까?)'라는 생각을 했으면 합니다. 항상 미래를 꿈꾸고, 현재의 노력을 즐거워했으면 합니다. 자녀가 '어떤 직업을 가져야 좋으냐'고 묻는다면 내가 잘하고, 내가 하고 싶은 일이어야 한다고 대답해 주세요. 직장에서 힘든 일도 내가 해야 할 일이 되고, 목표가 되면 이루는 일이 즐거워지고 직장도 행복해집니다. 너무 큰 목표를 잡지 말고 작은 단계부터 성과를 이루어 가는 것이 좋습니다. 갖고 있는 것들을 누리는 것이 행복의 첫걸음입니다.

1. 행복, 현재와 미래의 기쁨

행복이란 '생활에서 기쁨과 만족감을 느껴 흐뭇한 상태'입니다. 행복은 단순히 기쁨과 같은 것이 아닙니다. 기쁨은 순간적인 즐거움의 의미를 가지고 있지만, 행복은 꼭 그렇지 않습니다. 로또 복권에 당첨되면 기쁘긴 하겠지만 그것이 곧 행복은 아닙니다. 행복은 무언가를 가지거나 욕구가 채워지는 것 이상의 것을 추구합니다.

아리스토텔레스는 '인간이 지닌 잠재력을 최대한 발휘한 상태', 즉 자아실현을 행복이라 정의하면서 행복의 조건으로 지혜, 사랑, 선한 의지를 꼽았습니다. 칸트 또한 '할 일이 있고 사랑하는 사람이 있고 희망이 있다면 당신은 지금 행복하다'라고 행복을 구체화했습니다. 또 러셀은 '행복이 누구에게나 찾아오는 약속된 미래가 아니고, 노력해서 정복해야 할 대상'이라고 했습니다.

여러 철학자들이 말하듯이 행복은 단순히 물질적인 무언가를 가지는 것으로 얻어지는 것이 아니라 자아가 실현되고 자신이 추구하는 뜻이 이루어지는 것을 통해서 얻어지는 것입니다. 또 무조건 자신의 목적이 이루어질 때 행복이 오는 것이 아니라 진정한 가치를 추구하고 그 추구한 참된 것이 이루어질 때 행복이 찾아온다고 할 수 있습니다.

공부를 하는 목적도 크게 보면 행복을 얻기 위해서라고 말할 수 있을 것입니다. 공부를 열심히 해서 자신이 추구하는 것, 가치 있는 것을 얻음으로써 행복을 추구한다고 할 수 있습니다. 그러나 모두가 자신이 추구한 것을 얻음으로 행복을 얻지는 못합니다. 왜냐하면 추구하는 것이 진정으로 가치 있는 것이 아닐 경우, 그것을 얻고 난 뒤에 오히려 허무감이 더 클 수 있기 때문입니다. 그래서 공부할 때 자신이 무엇을 위해서 공부하는지를 늘 생각하고 자신이 추구하는 것에 대해서 깊이 생각하는 것이 중요합니다. 내가 목표하고 얻고자 하는 것이 정말 나를 행복하게 해 줄 가치 있는 것인지 끊임없이 질문해 보아야 합니다.

2. 행복의 원리에서 지혜와 공부법을 찾는다면?

행복하게 공부해야 한다

공부하는 목적이 행복을 위한 것이라면, 공부하는 동안에 행복한 것도 중요한 부분입니다. 인생에서 가장 꽃다운 나이에 10-20년간을 공부하면서 그 시간이 너무 불행하다면, 그러한 공부를 통해 얻을 수 있는 것이 도대체 무엇이겠습니까. 공부하는 것이 불행하게 느껴진다면, 그 많은 불행한 시간을 들여서 끝내 얻은 행복 또한 그 정도 가치가 있는 것인지 의문이 들고 말 것입니다.

"천재는 노력하는 사람을 이길 수 없고 노력하는 사람은 즐기는 사람을 이길 수 없다."는 말이 있습니다. 물론 이 말이 맞는 말이라고 단언할 수는 없지만 즐기면서 하는 것이 그만큼 효과적이라는 것은 분명합니다. 공부할 때 즐겁고 행복을 느끼는 사람과 공부할 때마다 불행하고 괴로운 사람의 학습 능률의 차이는 불을 보듯 뻔합니다.

그래서 '공부는 원래 힘들고 하기 싫은 것'이라고 생각하고 억지

로 하려고 하기보다는 가능하면 즐겁고 행복감을 느끼면서 공부할
수 있는 방법을 찾아보고 그렇게 실행해 보아야 합니다.

행복한 공부를 위해서 지켜야 할 원칙

우선 미래를 위한 목표를 정하고, 항상 상기하고 있어야 합니다.
앞에서도 언급했지만 공부의 목적을 정하고, 목표를 세우는 것은
행복한 공부를 위해서 아주 중요한 요소입니다. 왜 그런지 예를 들
어 보겠습니다.

무거운 벽돌을 힘들게 나르고 또 그 벽돌로 어렵게 벽을 쌓는 노
동자가 있습니다. 그런데 한쪽 사람들은 그들이 왜 벽돌을 나르고
벽을 쌓아야 하는지 이유를 알지 못하고 그냥 시키는 대로 일을 합
니다. 그런데 다른 한쪽 사람들은 이 벽돌을 쌓아서 자신의 가족들
이 살 수 있는 멋진 집을 짓는다는 것을 생각하고 일합니다. 이 두
그룹의 노동의 효율과 그 노동을 하면서 느끼는 괴로운 정도는 완
전히 다를 것입니다. 단순히 누군가가 시켜서 벽돌을 쌓는 사람들
은 힘은 힘대로 들고 좋은 결과를 얻을 수 없는 것은 물론 그 작업
이 너무 괴롭고 불행한 일이 되어 힘든 시간이 될 것입니다. 그러나
자신과 가족이 살 좋은 집을 짓는 것을 아는 사람들은 비록 좀 힘들
지만 그 수고를 기쁜 마음으로 감수할 것입니다. 더욱이 이들은 벽
돌을 더욱 아름답게 쌓기 위해 노력할 것이고, 그 시간을 행복한 시
간으로 생각하며 보낼 수 있을 겁니다.

공부도 마찬가지입니다. 억지로 누가 시켜서 하는 공부가 아니
라 이 공부를 통해서 얻게 될 것과 공부의 목적을 학생 스스로 분명
히 안다면 행복한 공부, 즐거운 공부, 좋은 공부가 될 것입니다. 공

부를 통해서 미래에 이루게 될 것을 분명히 하는 것, 그 공부의 목적을 분명히 인식하고 공부하는 것은 행복한 공부, 효과적인 공부를 위해 가장 중요한 요소입니다.

이루어 가야 할 큰 목표를 세웠다면, 그에 맞춰 단기적인 목표를 함께 세우고, 매일매일 해야 할 일을 구체화시켜야 합니다. 공부가 재미있고 즐거우려면 계속 성적이 좋아지거나 성취감이 높아야 합니다. 그러기 위해서는 목표를 세우고, 그 목표를 이루는 경험이 반복되어야 합니다. 늘 성적이 올라 갈 수도 없고, 매번 목표에 도달한다는 가능성이 없기 때문에 어느 순간 성과를 내지 못할 경우 중간에 지치기 쉽습니다. 따라서 최대한 실현가능한 목표를 상정하고 그것을 이루어 가는 경험을 많이 하도록 세부 계획을 조정하고 유도해야 합니다. 그렇게 될 때, 행복한 공부에 한걸음 더 나아갈 수 있습니다.

마지막으로 정서적인 안정감을 가져야 합니다. 공부하는 학생이라고 해서 공부만 하는 것은 아닙니다. 가족관계 외에 학교생활도 있고 그에 따른 교우관계도 있습니다. 만약 행복한 공부를 하려면, 공부 외에 다른 생활 전반에서 안정감을 가지는 것이 중요합니다. 다른 주변관계와 환경에 문제가 생기고 안정감이 없어진다면 결코 행복한 공부를 할 수 없습니다. 당연히 공부를 잘하기도 어렵고, 설사 공부에 성과가 있다고 하더라고 행복한 공부가 될 수 없습니다. 따라서 주변 환경과 관계들이 안정감 있고 좋은 상태가 될 수 있도록 해야 합니다.

행복을 얻기 위한 올바른 행동강령

1. 정서적인 안정감을 위해서 주변과 관계를 잘 맺으라

STEP 1 ▶ 착하고 반듯하게 자신을 지키고 키우자

정서적인 안정감을 얻으려면 자신의 상태가 가장 중요하다고 할 수 있다. 좋은 도덕적인 인성을 가지고 높은 자존감을 가진 사람과 그렇지 못한, 불안한 심리 상태에 있는 사람의 생활이나 안정감은 크게 차이가 날 수밖에 없다. 착하게 반듯하게 자신을 지키고 키우는 것이 행복한 공부와 직접적인 관련이 있고, 결국 좋은 성적과도 연결된다는 사실을 분명히 인식해야 한다.

○ ○ ○ ○ ○

STEP 2 ▶ 가정 내 교육을 원활히 하자

가정에서는 좋은 가정교육이 필요하다. 학업 이상으로 인성교육이 중요하다는 것을 생각하고, 바르고 건전한 생각을 가질 수 있도록 교육해야 한다. 높은 자존감과 정신적인 건강함은 화목하고 바른 가정에서 길러질 수 있다.

○ ○ ○ ○ ○

STEP 3 ▶ 관계를 잘 다지자

친구들과 좋은 관계를 가지는 것은 효과적이고 행복한 공부의 중요한 요인이다. 친구들 관계가 좋을 때 얻을 수 있는 눈에 보이지 않는 요소가 굉장히 많다. 좋은 친구관계를 통해서 정서적인 안정감을 얻을 수 있고, 그것은 행복한 공부를 이어 가는 데 중요한 역할을 한다.

2. 작은 성공을 반복하라

 체크리스트

☐ 궁극적인 목표, 큰 목표는 기간을 길게 두고 천천히 이루어 가려는 마음가
짐을 갖는다.

☐ 능력을 넘어서는 무리한 목표를 세우지 않는다.

☐ 큰 목표를 이루어 가기 위한 작은 목표를 단계마다 설정한다.

☐ 목표는 절대 불가변한 것이 아님을 알고, 상황에 맞게 때때로 목표를 수정
한다.

☐ 목표 달성에 너무 많은 스트레스를 느끼지 않도록 한다.

☐ 작은 목표라도, 목표를 달성할 때마다 본인이 일궈낸 과정에 대해 스스로
칭찬하고 독려하는 것을 잊지 않는다.

☐ 특정한 성과에 집착하기보다 자신이 스스로 세운 목표를 달성하는 것에 책
임감과 자부심을 느낀다.

3. 추구하는 것에 대한 이유와 그 결과로
얻게 될 것을 분명히 알아야 한다

— Tips —

① 미래를 위한 목표를 정한다. 꿈이 있어야 노력하게 된다.

② 성취를 통해 자존감을 높인다. 자아실현은 행복의 또 다른 이름이기도 하다.

③ 목표를 항상 상기하고, 자신이 무엇 때문에 노력하는지 생각하며 노력한다.

④ 최종 목표가 보다 가치 있는 것일 때, 행복감은 더욱 커진다. 자신만을 위해서 노력하지 말라.

⑤ 공부가 남을 위한 공부가 되어선 행복할 수 없다. 스스로의 목표와 꿈을 이루기 위한 수단으로 공부를 대해야 한다.